AF339247

ÉTUDE

SUR LA

RESPONSABILITÉ DES COMMUNES

DANS LE DROIT ANCIEN ET MODERNE

ET EN PARTICULIER

SUR LA LOI DU 10 VENDÉMIAIRE AN IV

PAR

Léon CHOPPARD

DOCTEUR EN DROIT
AVOCAT A LA COUR D'APPEL DE PARIS.

PARIS

A. PARENT, IMPRIMEUR DE LA FACULTÉ DE MÉDECINE

RUE MONSIEUR-LE-PRINCE 29, 31.

1874

DE LA

RESPONSABILITÉ DES COMMUNES

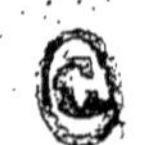

ÉTUDE

RESPONSABILITÉ DES COMMUNES

DANS LE DROIT ANCIEN ET MODERNE

ET EN PARTICULIER

SUR LA LOI DU 10 VENDÉMIAIRE AN IV

PAR

Léon CHOPPARD

DOCTEUR EN DROIT

AVOCAT A LA COUR D'APPEL DE PARIS.

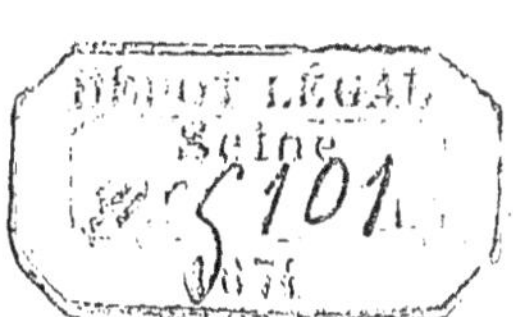

PARIS

A. PARENT, IMPRIMEUR DE LA FACULTÉ DE MÉDECINE

RUE MONSIEUR-LE-PRINCE 29, 31.

1874

INTRODUCTION.

Le principe de l'association communale remonte à l'origine des sociétés. L'impuissance de la vie isolée porte les hommes à se rapprocher les uns des autres, à associer leurs forces et à s'aider mutuellement. C'est pourquoi, dans les temps primitifs, nous les voyons s'unir, se fixer, pourvoir en commun à leurs besoins et placer sous la protection de tous les droits et les intérêts de chacun. L'histoire de tous les peuples nous montre, sous des noms différents, ces associations organisées en vue des mêmes nécessités sociales. Les tribus et les peuplades de l'antiquité, la cité gauloise, les municipes de l'empire romain, la paroisse et les communautés du moyen âge, enfin notre commune moderne, sont autant d'applications de cette loi naturelle de sociabilité.

A peine constituées, ces associations ont senti le besoin d'une administration intérieure pour la gestion des affaires communes et d'un pouvoir local pour la défense des droits de tous. Elles furent ainsi appelées à choisir parmi leurs membres des magistrats éclairés, auxquels elles ont confié le soin de cette administration et l'exercice de ce pouvoir. La coutume et la loi réglèrent le mécanisme de cette organisation.

Choppard.   1

Enfin, réduites à leurs propres forces, ces associations eussent été trop faibles. Elles durent se confédérer pour constituer une association plus puissante et plus étendue, capable de les protéger. « La réunion de ces petites peuplades en un seul faisceau, dit M. Henrion de Pansey, les plaça dans une position tout à fait nouvelle. Chacune d'elles exista tout à la fois comme famille particulière et comme fraction d'une famille plus considérable ; et, sous ce double rapport, elles furent subordonnées à deux régimes bien distincts : la loi municipale et la loi politique (1). » Chacune d'elles, en effet, tout en conservant son individualité et la libre gestion de ses propres affaires, devint partie intégrante de la nation, soumise à la loi générale et subordonnée à l'autorité supérieure, c'est-à-dire à l'État.

Ainsi se formèrent les institutions municipales. Leur développement offre à l'historien et au jurisconsulte un vaste et intéressant sujet d'étude. Les mœurs municipales d'un peuple se transforment successivement au contact de la civilisation et sous l'influence des révolutions sociales. C'est en suivant ces transformations que l'historien trouve les éléments qui lui servent à écrire l'histoire du peuple lui-même. Le jurisconsulte, guidé par les travaux de l'historien, observe et compare aux différentes époques les institutions des différents peuples, étudie leurs variations, et, signalant à la fois les enseignements du passé et les imperfections du présent, prépare au législateur la voie des réformes. Il appartient en outre au jurisconsulte de faciliter la tâche du juge, en déterminant les

(1) Du pouvoir municipal et de la police intérieure des communes. liv. I, chap. 1, p. 2, 4ᵉ éd.

conditions d'application des lois qui régisssent les institutions municipales et dont l'ensemble forme le droit municipal.

L'étude du droit municipal se divise en deux branches, ayant pour objet, l'une l'organisation du pouvoir municipal, l'autre la condition juridique de l'être moral que nous désignons aujourd'hui sous le nom de *Commune*.

La commune, en effet, ne doit pas être considérée uniquement comme une circonscription administrative. Elle est en outre une personne civile, ayant une existence propre et un patrimoine distinct du patrimoine individuel de chacun de ses membres. Comme tout particulier, elle est capable d'avoir des droits et des obligations, et même d'encourir une *responsabilité* (1).

Il semble difficile, au premier abord, de concevoir la responsabilité d'un être moral, étant donné ce principe que « l'homme, réunissant seul en lui, ici-bas, les deux conditions essentielles de l'imputabilité, raison morale ou faculté de connaître ce qui est juste ou injuste, et liberté, peut seul être l'agent responsable d'un délit (2). » Appliqué dans toute sa rigueur, ce principe rationnel aurait effectivement pour résultat de dégager l'être moral de toute responsabilité. Cependant la loi positive, en donnant à cet être moral une responsabilité civile, l'a par cela même soumis

(1) Il s'agit ici, non pas de la responsabilité qui résulte des fautes commises dans l'exécution des obligations conventionnelles, mais seulement de la responsabilité proprement dite, c'est-à-dire de celle qui résulte d'un fait illicite et dommageable, commis en dehors de toute relation contractuelle.

(2) M. Ortolan. Eléments de droit pénal, n° 212.

au droit commun des personnes individuelles. Or, c'est une règle inscrite dans toutes les législations que chaque personne répond de ses fautes. Cette responsabilité est pénale ou civile, suivant qu'elle fait encourir un châtiment établi par les lois criminelles, ou qu'elle oblige seulement à réparer au moyen d'une indemnité pécuniaire le dommage causé. Si la nature des choses empêche de soumettre une personne morale à une peine corporelle qui ne peut atteindre qu'un être physique et sensible, rien n'interdit en ait de lui appliquer une peine purement pécuniaire ou de lui faire supporter une réparation civile : la commune est propriétaire, ses biens répondront de ses fautes.

Sans doute, la commune, être purement abstrait, est incapable de commettre un acte personnel susceptible d'engager sa responsabilité. Mais la loi a pu, sans inconséquence, la rendre responsable des délits commis par ses administrateurs ou par ses habitants.

D'abord, comme tout particulier, la commune doit répondre du fait dommageable des personnes qu'elle emploie, et qui la représentent dans les différents actes de la vie administrative ou civile. C'est, en effet, un principe de droit commun que les commettants répondent du dommage causé par leurs préposés dans les fonctions auxquelles ils les ont employés.

Mais la commune est en outre soumise par la loi française à une responsabilité d'une nature toute spéciale, à raison des attentats commis sur son territoire, soit contre les personnes, soit contre les propriétés. Investie d'un pouvoir également organisé, elle a pour mission de veiller à la sécurité de ses habitants et de prévenir ou de réprimer les désordres qui la compromettent. C'est pourquoi il a paru juste de lui imposer la réparation des intérêts lésés, quand elle a manqué au devoir légal de les protéger ou de les défendre.

Cette idée de responsabilité collective, qui impose à une société l'obligation de réparer le préjudice occasionné par quelques-uns de ses membres, et lui fait ainsi supporter les conséquences d'une faute qu'elle aurait dû empêcher, cette idée n'est pas une innovation de la loi moderne. On la rencontre avec de curieuses applications dans les législations de l'antiquité et dans notre ancien droit.

Chez les Égyptiens, lorsqu'un individu périssait victime d'un assassinat, ses funérailles étaient à la charge de la ville sur le territoire de laquelle le crime avait été commis.

Dans le premier âge de la société romaine, les membres de la *gens* étaient liés par une étroite solidarité. Issus des mêmes ancêtres, unis dans les mêmes croyances et dans la célébration du même culte domestique, ils s'aidaiént mutuellement dans tous les besoins de la vie. La *gens* entière répondait de la dette de chacun de ses membres, payait la rançon du prisonnier, acquittait l'amende du condamné et expiait par des sacrifices le crime du coupable. C'est ainsi qu'une tradition fait remonter au meurtre de Camille, sœur du vainqueur des Curiaces, certaines cérémonies religieuses propres à la *gens Horatia*. « *Sacrificia piacularia gentis Horatiæ* (1). »

Le législateur de l'empire romain, sauf de rares exceptions, a toujours respecté la règle fondamentale de l'imputabilité, de la personnalité des fautes. Aussi

(1) Tite-Live, I-26.

chercherait-on vainement dans les lois romaines des dispositions établissant d'une manière formelle la responsabilité de l'*universitas*, par exemple d'un *municipe*, à raison du dommage causé par quelques-uns de ses membres. Cependant quelques textes épars et malheureusement trop courts semblent indiquer que l'idée d'une responsabilité collective n'était pas absolument inconnue à Rome. Mais c'était moins le municipe que les magistrats municipaux qui portaient le poids de cette responsabilité. On sait quelles lourdes charges firent peser sur eux les exigences de la fiscalité impériale.

Chez les peuples d'origine germanique, et particulièrement chez les Francs et les Anglo-Saxons, on trouve l'établissement d'une certaine solidarité qui rendait les membres d'une même famille ou d'une même tribu garants des faits les uns des autres, et faisait supporter à tous la réparation du délit commis par l'un d'eux.

La responsabilité des communautés d'habitants, limitée aux délits ayant un caractère collectif, reçut de nombreuses applications dans notre ancienne jurisprudence. L'ordonnance criminelle de 1670 rendait les communautés des villes, bourgs et villages, responsables des actes de violence ou de rébellion qui s'y commettaient. A côté de cette mesure générale, on trouve des dispositions spéciales intervenues à l'occasion des désordres qui se produisaient dans certaines parties du royaume. C'est ainsi qu'en vue de réprimer les graves abus auxquels donnaient lieu d'anciens usages invétérés parmi les populations rurales de quelques provinces, et dirigés contre la propriété foncière, plusieurs édits et déclarations imposèrent à tous habitants des communautés, villages ou paroisses, une solidarité rigoureuse à raison des excès commis contre les propriétés. Cette mesure fut nécessitée par l'impossibilité de châtier les coupables qui étaient secrètement protégés par toute la population.

Enfin, les idées de solidarité, proclamées par la Révolution française, devaient naturellement trouver leur application dans la responsabilité communale. A cette époque d'effervescence populaire, on sentit le besoin d'assurer la paix intérieure par l'établissement, au sein des nouvelles municipalités, d'une police fortement organisée. Les communes furent investies des pouvoirs nécessaires pour le maintien de l'ordre public dans leurs circonscriptions réspectives. Dès lors, il sembla rationnel de leur imposer la responsabilité des désordres qu'elles laisseraient commettre. Ce principe, appliqué par un grand nombre de mesures partielles, reçut sa consécration la plus complète dans la loi du 10 vendémiaire an IV, qui rendit chaque commune responsable des dégâts commis sur son territoire par des attroupements.

Cette loi est considérée comme étant encore en vigueur. Il est à remarquer que, dans l'état actuel de notre législation, les communes ne sont plus responsables des délits individuels qui n'obligent que leurs auteurs, ni des crimes de droit commun dont la poursuite est confiée au pouvoir judiciaire. Chez les peuples primitifs, l'absence d'un pouvoir social organisé pour la protection des personnes, et la difficulté de découvrir les coupables, expliquent la nécessité d'imposer à un ensemble d'habitants la responsabilité des délits individuels. On assurait ainsi la sécurité publique en intéressant tous les individus au respect des droits

de chacun et à la répression des crimes. Mais dans
une société civilisée, l'organisation des pouvoirs,
substituant l'action publique à l'initiative privée
des citoyens devait nécessairement faire disparaître
un usage qu'on s'étonne cependant de rencontrer encore aujourd'hui dans certaines législations étrangères.

C'est ainsi qu'en Angleterre les districts sont responsables des vols qui se commettent sur leur territoire
pendant le jour (1). En Russie, il y a une responsabilité communale spéciale au paiement de l'impôt. Si un
paysan ne paie pas la taxe, il est livré aux tribunaux,
mais la commune est solidaire et paie pour lui. Le
Code des îles Ioniennes contient une disposition d'a-
près laquelle les communes sont tenues de toute espèce de dommage commis, de quelque manière que ce
soit, sur les biens situés sur leur territoire. Enfin, en
Grèce, il y a quelques années, à l'occasion de l'assassinat de plusieurs voyageurs commis par des brigands
près des plaines de Marathon, on a réclamé comme le
moyen le plus efficace de réprimer le brigandage, l'application de la responsabilité pécuniaire aux communes où ces malfaiteurs recevaient asile et protection (2).

Après cet exposé préliminaire, notre plan est tout
tracé. Nous rechercherons dans le droit romain et
dans notre ancien droit les précédents historiques de
la responsabilité des communes, et nous étudierons

(1) Blackstone. Commentaire sur la loi anglaise, ch. I, t. 2,
p. 31.
(2) Le principe de responsabilité communale se rencontre encore
chez les tribus arabes de l'Algérie. (M. Dareste. La justice administrative en France, 2ᵉ partie, ch. 28.)

ensuite les règles qui la régissent dans notre droit moderne.

Les quelques auteurs, qui ont écrit sur la responsabilité des communes se sont fort peu préoccupés de ses précédents historiques. Bornant leur étude à l'interprétation des dispositions d'une loi, ils n'ont pas porté leurs regards au delà des limites étroites du commentaire. L'un d'eux va même jusqu'à déclarer qu'à sa connaissance il n'a rien existé dans nos lois, avant l'année 1790, qui eût trait de près ou de loin à cette matière. Aussi n'est-ce pas sans quelque hésitation que nous nous sommes engagés avec nos faibles forces sur un terrain jusqu'alors inexploré et qu'on a même dit stérile. Nos recherches n'ont point été infructueuses. Il est seulement à regretter qu'un pareil travail n'ait point été entrepris par une main plus expérimentée ; elle eût certainement enrichi la science du droit d'une œuvre utile et durable.

DROIT ROMAIN

DE LA

RESPONSABILITÉ DES MUNICIPES

L'organisation administrative de l'empire romain est loin de présenter ce caractère d'uniformité que nous remarquons dans nos institutions modernes. Cela tient surtout à la politique que Rome suivit dans ses conquêtes et à la diversité des peuples soumis à sa domination. Cependant on peut dire que la constitution municipale, qui avait pour base le municipe, était devenue la condition commune de presque toutes les cités.

Avant d'entrer dans l'examen des règles concernant la capacité juridique et spécialement la responsabilité de ces cités municipales, avant de faire connaître la condition de leurs magistrats, nous jetterons un coup d'œil rapide sur l'histoire et l'organisation des municipes romains.

Ce sera l'objet d'un premier chapitre.

CHAPITRE PREMIER.

DES MUNICIPES. — LEUR HISTOIRE ET LEUR ORGANISATION.

SECTION I. — **Histoire des municipes.**

La conduite des Romains à l'égard des nations vaincues fut une des principales causes qui assurèrent à ce peuple l'empire du monde. Loin d'anéantir ou de réduire en esclavage les peuples soumis par ses armes, Rome naissante s'en fait des auxiliaires, soit en les attirant dans son sein, soit en les associant par des traités à ses propres institutions. Terrible pendant la lutte, généreuse après la victoire, accordant souvent à ses ennemis vaincus ce qu'ils demandaient avant de combattre, elle ne leur impose que la reconnaissance de sa suprématie. Elle leur laisse leur religion, leurs mœurs, leurs magistrats; elle va même jusqu'à leur emprunter leurs divinités et leurs usages. Elle encourage leur fidélité et récompense leurs services par la concession de certaines prérogatives politiques qu'elle eut l'habileté de faire désirer comme un bienfait. Grâce à cette politique, Rome consolide ses conquêtes et rend son joug agréable : les populations soumises réclament une union plus intime avec le peuple romain ; les nations voisines sollicitent son patronage et adoptent ses lois (1).

Mais, à mesure qu'elle devient plus puissante, Rome

(1) Montesquieu. Grandeur et décadence des Romains, chap. I.

se montre plus réservée dans la concession des droits publics et privés, dont l'ensemble constitue le privilége du citoyen romain. Au lieu d'accorder dans sa plénitude le *jus civitatis*, elle le démembre, distribue séparément chacun des droits qui y sont attachés, et crée ainsi une grande inégalité dans la condition politique et civile de ses sujets. Cette gradation dans l'état des peuples courbés sous sa domination « était l'un des procédés par lesquels Rome, si savante en despotisme, les enchaînait à l'obéissance ; les privilégiés redoutaient de perdre ce que les autres brûlaient d'obtenir ; la crainte et l'espérance contribuaient également à consolider la tyrannie (1). »

Les Romains observèrent la même tactique à l'égard des cités. Ils respectèrent leurs libertés municipales pour mieux leur enlever leur liberté politique et les enchaîner à sa fortune sans leur faire trop durement sentir sa domination. Suivant les circonstances et les lieux, ces cités furent soumises à des régimes différents : il y eut ainsi des colonies, des préfectures, des municipes.

L'établissement des colonies fut pour Rome un des moyens les plus efficaces pour *romaniser* les pays conquis. Ces colonies étaient autant de postes avancés répandus de toutes parts pour arrêter les invasions ennemies et rompre les peuples à la domination romaine. Recrutés parmi la classe pauvre qui encombrait la métropole, ou parmi les soldats vétérans dont on récompensait les services par une distribution de terres, les colons complétaient l'œuvre des légions en allant porter au sein des populations soumises le res-

(1) Amédée Thierry. Histoire des Gaulois, t. II, p. 174.

pect du nom romain, les lois et la civilisation de Rome.

Les habitants des colonies n'eurent pas tous la même condition. Les uns étaient citoyens romains, les autres n'avaient que le *jus Latii*. Certaines colonies ne jouissaient que du *jus Italicum*.

Quelle que fût d'ailleurs leur situation politique, les colonies avaient une complète indépendance locale et s'administraient elles-mêmes. Il en fut autrement des préfectures. Celles-ci étaient des villes qui, par leur défection ou leur ingratitude, avaient encouru la colère de Rome. En punition de leur crime, elles étaient privées du droit d'élire leurs magistrats et soumises à la juridiction d'un préfet romain. Les historiens ne sont pas d'accord sur la condition de ces préfectures, ni sur les attributions du préfet. Toutefois, il y a tout lieu de croire, avec M. de Savigny, que les villes réduites à l'état de préfectures ne perdirent pas toutes leurs libertés locales, qu'elles conservèrent leur sénat et leurs magistrats inférieurs, et que le préfet, venu de Rome, n'eut d'autre mission que l'administration de la justice (1). Du reste, les préfectures n'eurent pas partout la même condition, et leur établissement ne fut que transitoire. Avec le temps et par suite de l'obtention successive des différents droits politiques, elles finirent par se transformer peu à peu en de véritables municipes.

Pour s'assurer la fidélité des villes conquises, les Romains n'y établirent pas toujours des colonies. Le plus souvent ils en firent des municipes, en se les attachant par des traités d'alliance qui donnaient à ces villes une condition privilégiée.

(1) De Savigny: Histoire du droit romain au moyen âge, chap. II, § 14.

Quelle était la condition politique de ces municipes ?
Par quelles transformations est-elle devenue commune à toutes les cités de l'empire ? C'est ce que nous
allons maintenant rechercher.

A l'origine, les municipes sont les villes auxquelles
Rome a laissé une certaine autonomie locale, tout en
leur accordant quelques prérogatives du droit de cité.
L'étendue de cette concession varia avec les traités
d'alliance et suivant les époques. Les auteurs anciens
ne nous donnent du *muncipium* que des définitions
incomplètes, qui ont produit des opinions divergentes
parmi les interprètes modernes. D'après Festus, les
habitants des municipes n'ont pas le droit de cité ; ils
n'ont qu'une certaine participation aux charges et
prérogatives des citoyens romains (1). Aulu-Gelle, au
contraire, attribue aux habitants des municipes le
titre de citoyens romains. « Municipes sunt cives ro-
« mani ex municipiis, legibus suis et suo jure utentes,
« muneris tantum cum populo romano honorarii par-
« ticipes (2). » Enfin, Paul Diacre nous donne trois
définitions du *municipium* (3).

Si on remarque que ces auteurs se placent à des
époques différentes, il est facile de voir que leurs définitions, bien loin d'être contradictoires, se concilient et
s'expliquent naturellement par les modifications pro-
gressives qu'a subies la condition des municipes. Tan-
dis que Festus nous fait assister aux origines des municipes, Aulu-Gelle, au contraire, se place en pleine

(1) Festus. V^d Municeps.
(2) Aulu-Gelle. Nuits attiques, XVI, 12. — Comp. L. 1, § 1;
Dig., *ad municipalem et de incolis*, 50-1. — L. 18, D·, *de verborum
significatione.*
(3) V° Municipium.

prospérité du régime municipal, alors que les habitants des municipes ont tous le droit de cité romaine (1)

On peut rapporter ces définitions à trois périodes distinctes.

Dans la première, qui s'étend des origines de Rome à la fin des guerres latines (416 de F. R. — 338 av. J.-C.), les habitants des municipes n'ont pas encore le droit de cité. Cependant, lorsqu'ils viennent à Rome, ils peuvent participer aux charges et aux droits des citoyens romains, à l'exclusion de tout ce qui touche au droit public, c'est-à-dire du *jus suffragii* et du *jus honorum*.

La deuxième période s'étend de la fin des guerres latines à la promulgation de la *lex Julia municipalis* (664 de F. R., — 90 av. J.-C.). Après les guerres du Latium, les villes vaincues s'unirent à Rome en recevant le droit de cité. Les unes n'obtinrent le *jus civitatis* qu'à la condition de devenir *populi fundi*, c'est-à-dire de perdre leur autonomie et de faire partie intégrante du peuple romain, en adoptant ses lois et ses institutions. Les autres, mieux traitées par les vainqueurs, furent érigées en municipes. Elles conservèrent leur indépendance locale et reçurent le droit de cité, mais sans les droits politiques.

Cependant, Rome, devenue puissante, ouvrit plus volontiers ses murs aux peuples voisins, et accorda le droit de cité complet à un certain nombre de municipes latins. Alors se faisait dans chacune de ces villes la séparation des droits, intérêts et offices municipaux d'avec les droits, intérêts et offices politiques. Les

(1) Niebuhr. Histoire romaine, trad. de Golbéry, III, p. 79.

premiers restaient attribués à la ville, et s'exerçaient
sur les lieux et par les habitants avec une entière indépendance. Les seconds étaient transportés à Rome,
et ne pouvaient être exercés que dans ses murs. Ainsi
le droit de faire la paix ou la guerre, de porter des
lois, de lever des impôts, de rendre la justice, cessait d'appartenir isolément au municipe ; mais ces citoyens le partageaient et l'exerçaient dans Rome
avec les citoyens qui habitaient Rome. Ils s'y rendaient pour voter dans les comices, soit sur les lois,
soit sur les nominations aux magistratures ; ils re-
cherchaient et pouvaient obtenir toutes les charges
de l'État. Rome devint en quelque sorte la patrie commune de tous les citoyens des municipes qui eurent
ainsi deux patries : *alteram loci patriam, alteram
juris* (1).

Ce qui était arrivé, en 416, pour les peuples du Latium, se reproduisit en 664 pour les peuples de l'Italie.
Ces derniers, après avoir aidé les Romains dans leurs
conquêtes, ne se contentèrent plus d'être leurs alliés ;
ils voulurent devenir leurs égaux et participer à leurs
droits politiques. Tout d'abord ils ne s'étaient pas
fort souciés du droit de cité romaine qu'ils considé-
raient plutôt comme un signe d'asservissement que
comme un avantage. Mais lorsque ce droit fut celui
de la souveraineté universelle, qu'on ne fut rien dans
le monde si l'on n'était citoyen romain, et qu'avec ce
titre on fut tout, les peuples d'Italie résolurent de pé-
rir ou d'être Romains. Ne pouvant en venir à bout

____

(1) Cic., *de legibus*, II, 1-2. — L. 33, D., *ad municipalem*, 50-1.
— Roth. *De re municipali Romanorum*, note 34. — Guizot. Essais
sur l'histoire de France, 1ᵉʳ essai, § 1. — M. Ch. Giraud. Histoire
du droit romain, 2ᵉ période, sect. 1, ch. III, § 7.

Choppard.   2

par leurs brigues et par leurs, prières, ils prirent la voie des armes. La guerre sociale mit Rome à deux doigts de sa perte. Il fallut céder. Le droit de cité fut d'abord accordé aux alliés qui n'avaient pas encore cessé d'être fidèles, et il fut promis aux peuples de la coalition qui déposeraient les armes. Toute l'Italie se soumit et devint romaine. La condition politique des cités italiennes fut réglée par la *lex Julia municipalis*, rendue, dit-on, sur la proposition de Jules César. Cette loi fut complétée par la *lex Plautia Papiria*, qui étendit le droit de cité à toute la Péninsule.

Enfin, la troisième période, inaugurée par la *lex Julia municipalis*, est l'époque prospère du régime mucipal romain, qui avec l'empire s'étendit aux provinces. Les libertés politiques ayant été détruites par le despotisme impérial, le droit de cité perdit son importance et ne fut plus qu'un vain titre. Sa concession devint pour les empereurs un moyen d'accroître leur popularité ou d'augmenter les revenus du fisc romain : les uns le prodiguèrent, les autres le vendirent. Claude, originaire de Lyon, fit rendre un sénatus-consulte qui accordait le droit de cité à une grande partie de la Gaule. Marc-Aurèle accorda le droit de cité à tous ceux qui le demandaient et payaient le droit exigé. Caracalla fut plus ingénieux. La *lex vicesima hereditatum* rendue par Auguste établissait un impôt d'un vingtième sur toutes les successions testamentaires ou légitimes recueillies par un citoyen romain. Caracalla, pour rendre cet impôt plus productif, multiplia le nombre des contribuables en conférant le droit de cité à tous les sujets de l'empire. « Ainsi l'esprit fiscal était devenu le serviteur inconscient du progrès. Un despote avait réalisé paisible-

blement et avec plus d'étendue la pensée démocra-
tique qui avait valu une mort violente aux deux
Gracchus et au tribun Drusus (1). »

Après cette extension du *jus civitatis*, les cités, investies des mêmes droits, arrivèrent à une organisation uniforme qui se réalisa sans secousses par une
progression rapide et nécessaire. On ne trouve pas la
trace d'une loi générale qui, à l'exemple de la *lexJulia
municipalis*, aurait réglé le gouvernement municipal
de toutes les villes de l'empire romain. Chaque région
ou même chaque ville fut l'objet d'un statut spécial,
comme le prouve la découverte récente des statuts
municipaux que Domitien donna à deux villes de
l'Espagne : Malaga et Salpenza (2). Mais l'extension
progressive aux villes des provinces de la constitution
des cités italiennes favorisa l'établissement d'un régime municipal uniforme et régulier, qui ne laissa
subsister que des différences secondaires, conservées
pour ne point froisser les habitudes des populations.

Pendant les premiers siècles de l'empire, la décen-
tralisation administrative assura aux muncipes un
état prospère et florissant. Mais, à partir de Septime-
Sévère, les symptômes de la décadence commencèrent
à apparaître dans le monde romain. Les forces du

(1) M. Accarias. Précis de droit romain, t. I, n° 51. — Fustel de
Coulanges. La Cité antique, liv. V, ch. II, 5°. — L. 17, D., *de statu
hominum*, 1-5.
(2) Une savante polémique s'engagea entre M. Laboulaye et
M. Ch. Giraud sur l'authenticité de ces statuts, qui a été victorieusement démontrée par notre éminent professeur. (Séances et travaux de l'Académie des sciences morales et politiques, fév. 1857,
2° livr.)

pouvoir central diminuèrent en même temps que ses charges, et ses dangers allèrent toujours croissant. Il fallut au gouvernement impérial d'incessantes ressources pour payer les barbares qui se pressaient menaçants aux frontières, pour solder et récompenser les soldats chaque jour plus exigeants, pour nourrir et amuser une populace oisive qui augmentait toujours.

Ces ressources, on les demanda aux municipes. Les réseaux d'une immense administration fiscale enveloppèrent les provinces pour extraire jusqu'aux moindres parcelles de leur richesse et aller ensuite les déposer entre les mains de l'empereur. Le fisc romain ne recula devant aucun moyen pour assouvir sa rapacité. Suppression des franchises locales, immixtion des agents de l'empereur dans les attributions des magistrats municipaux, rigueurs excessives du gouvernement pour les membres des curies municipales, qu'il rendit responsables du recouvrement des impôts devenus écrasants, tout fut mis en œuvre pour attirer à Rome les richesses des provinces. La situation jadis si prospère des municipes devint déplorable. Après leur avoir tout donné, l'État leur demanda tout à son tour, et les municipes étant moins à ses yeux une branche de l'administration publique qu'une source de revenu fiscal, il n'eut plus pour eux « que les exigences folles et arbitraires d'un maître impitoyable et ruiné envers ses serviteurs et ses fermiers (1). »

Les conséquences d'un pareil système ne se firent pas attendre. Le décurionnat tomba en défaveur, et les citoyens cherchèrent tous les moyens de s'y sous-

____

(1) M. Ch. Giraud. Essais sur l'histoire du droit français au moyen âge, t. I, p. 147.

traire. La ruine des institutions municipales entraîna celle du monde romain. La fortune des provinces épuisée, Rome resta sans ressources, et l'empire d'Occident tomba sous les coups des Barbares, qui n'eurent qu'à l'envahir pour s'en partager la dépouille.

En Orient, le régime municipal ne subsista plus qu'à l'état de simulacre, jusqu'au jour où sa disparition fut législativement consacrée, vers la fin du ixᵉ siècle, par un décret de Léon le philosophe (1).

SECTION II. — De l'organisation des municipes.

Nous venons de parcourir l'histoire des municipes.

Nous devons maintenant dire un mot de leur organisation. Pour cela, nous nous placerons dans la période prospère de l'empire romain, alors que des règles à peu près uniformes présidaient au jeu régulier des institutions municipales.

Le gouvernement intérieur des municipes fut organisé à l'image de celui de Rome. Comme à Rome, trois pouvoirs se partageaient l'exercice des droits municipaux : le peuple, la curie et les magistrats.

1° *Le peuple.* — Deux éléments composaient le peuple des cités : les *municipes originarii* et les *incolæ*. Les premiers étaient les citoyens proprement dits; ils tenaient à la cité par un lien d'origine; ils avaient en un mot le *jus originis*. Les seconds, simples habitants, tenaient à la cité par la relation que constitue le domicile et qui change avec lui ; ils n'avaient que le *jus incolatus*.

(1) Nov. 46

Le peuple du municipe concourait à la gestion des intérêts communs. Dans ses assemblées, il élisait les magistrats et votait les lois locales, d'après un système presque identique à celui qui était suivi dans les comices de Rome.

Les pouvoirs de l'assemblée du peuple, qui subsistèrent dans les municipes plus longtemps qu'à Rome, commencèrent par subir quelques modifications avant de disparaître complètement. L'extension du droit de cité romaine diminua sensiblement le pouvoir législatif des assemblées municipales, lequel finit par passer aux curies pour être définitivement absorbé par les gouverneurs de provinces. Le peuple des municipes conserva pendant quelque temps une certaine influence sur l'élection des magistrats ; puis ce droit lui-même disparut. La nomination aux magistratures appartint dès lors à la curie. Le magistrat sortant dut présenter son successeur, mais à ses risques et périls ; car il restait responsable de sa solvabilité.

2° *La curie.* — C'est une sorte de sénat municipal établi dans chaque cité pour la gestion des intérêts locaux.

Pendant la période prospère des institutions municipales, les membres de la Curie, ou Décurions, étaient choisis par les magistrats supérieurs de la cité parmi les citoyens qui avaient rempli des magistratures. Il n'en est plus ainsi dès le règne des Antonins. Comme nous l'apprennent les jurisconsultes Paul et Papinien, les décurions étaient élus par la Curie sur la présentation d'un magistrat de l'ordre supérieur, et il fallait passer par la Curie avant de pouvoir aspirer aux autres magistratures. Ce n'étaient plus les décurions qui se recrutaient parmi les magistrats, mais les magistrats parmi les décurions (1).

Les lourdes charges qui, dès cette époque, commencèrent à peser sur les curies, en rendirent le recrutement moins facile. Le décurionnat ne tarda pas à devenir héréditaire, et la fortune ne fut bientôt plus que la seule condition d'éligibilité.

Aussi, on se ferait une idée inexacte de la curie des municipes romains, en les comparant à nos municipalités modernes, à nos conseils municipaux dont les membres, quelles que soient leur naissance et leur fortune, sont désignés pour un temps limité, par l'élection de leurs concitoyens ou le choix du gouvernement central. Les curies, au contraire, finirent par constituer une classe de personnes conservant leurs fonctions pendant toute leur vie et transmettant à leur postérité leur condition comme une sorte de noblesse héréditaire, ou comme une charge lorsque le sort de cette classe fut devenu plus onéreux qu'honorable.

Avant la suppression des libertés municipales, les attributions de la curie étaient fort importantes. La curie délibérait et statuait sur tout ce qui intéressait l'administration du municipe, laissant aux magistrats le soin de mettre ses décrets à exécution. Elle avait la gestion de la fortune municipale, votait les dépenses, ordonnait les mesures à prendre pour l'emploi des fonds, fixait le budget municipal et nommait les commissions financières chargées de recevoir les comptes qui intéressaient la ville. Elle procédait à la répartition des charges entre les habitants du muni-

(1) L. 7, § 2, D., *de decurionibus*, 50-2. — L. 6, § 5., id.

cipe et nommait aux différentes magistratures municipales.

Les gouverneurs de provinces avaient comme un
droit de contrôle sur les actes de la curie, et ils devaient
annuler les décrets par lesquels celle-ci sortait de ses
attributions. Mais ils ne pouvaient les casser arbi-
trairement lorsqu'ils n'étaient point contraires aux
lois ni à l'intérêt public (1).

C'est par ce droit de contrôle que les gouverneurs
de provinces s'immiscèrent peu à peu dans les affaires
locales. Réformant sans scrupule et par simple
caprice les résolutions qui leur déplaisaient, ils finirent par attirer à eux toutes les décisions intéressant
la cité et se substituèrent insensiblement à la curie,
dont les membres n'eurent bientôt plus d'autre mission que de satisfaire aux exigences de la fiscalité
impériale.

3° *Les magistrats.* — Les magistratures municipales
se divisaient en deux classes : les *munera* et les
honores.

Les *munera* étaient de simples emplois publics,
conférés à un citoyen dans l'intérêt général de la
cité. Ils ne procuraient aucune dignité à ceux qui
étaient désignés pour les remplir et leur imposaient
des services personnels ou pécuniaires.

Les *honores* étaient les magistratures municipales
à l'exercice desquelles était attachée une dignité. Ces
fonctions avaient pour objet l'administration des
affaires de la cité; elles conféraient une juridiction
et pouvaient astreindre à certaines dépenses.

(1) L. 5, D., *de decretis ab ordine factis*, 50-9.

On ne pouvait se soustraire sans excuse légitime au devoir des fonctions municipales; ni les rescrits du prince, ni le consentement des citoyens et de la curie ne pouvaient en exempter. Il était toutefois permis de refuser une fonction, si on prouvait qu'un autre décurion y avait une plus grande aptitude et devait y être appelé de préférence : « *Si ipse, vocatus ad* « *munera civilia, potiorem alium nominandum, age* « *causam tuam* (1). » Mais les lois romaines prononçaient des peines très-sévères contre le magistrat qui s'absentait ou qui se cachait pour ne pas remplir ses fonctions; ses biens étaient attribués à celui que l'on nommait à sa place, et, quand il reparaissait, il était contraint d'exercer sa magistrature pendant un temps double de celui qui était ordinairement prescrit.

—Les magistrats supérieurs de la cité étaient : les *Duumvirs*, qui à la haute direction des affaires administratives joignaient l'exercice du pouvoir judiciaire; les *Quinquennales*, dont les attributions étaient à peu près analogues à celles des censeurs de Rome; les *Ediles*, qui étaient préposés à la voirie municipale, aux travaux publics et à la police; les *curatores Reipublicæ*, qui étaient des délégués du pouvoir central chargés de surveiller la gestion de la fortune municipale; enfin les *defensores civitatis*, institués par les empereurs du Bas-Empire, pour protéger les municipes contre les exactions des lieutenants impériaux.

Cette dernière institution, inspirée par une idée généreuse, ne répondit pas à son but. Impuissante à réagir contre tous les abus dont se mouraient les

(1) L. 17, Code théodosien, 12-1, *de decurionibus.* — L. 1, C , *de potioribus*, 10-65.

municipes, elle demeura stérile. Les *defensores civitatis* devinrent le jouet des gouverneurs. Ils finirent même par se rendre complices des désordres qu'ils avaient mission de réprimer : « *Eversores potius quam defensores* (1). »

(1) Nov. de Majorien I. — Cours de M. Valroger, ann. 1871-72 ; 19e leçon : Du régime municipal dans la deuxième époque de l'empire romain.

CHAPITRE II.

DE LA RESPONSABILITÉ DES MAGISTRATS MUNICIPAUX.

Dans les premiers siècles de Rome, la sévérité des
mœurs, la courte durée des magistratures, la surveillance jalouse du sénat et des tribuns, tout concourait à maintenir les fonctionnaires dans le devoir.
Mais ces garanties diminuèrent lorsque Rome, éten-
dant ses conquêtes, fut obligée d'envoyer au loin des
officiers investis des plus grands pouvoirs, soit pour
vaincre les ennemis, soit pour administrer les pays
vaincus. Il fut dès lors nécessaire de prendre des
mesures contre les abus de pouvoir, et de protéger les
citoyens et l'État contre l'ambition et la cupidité des
magistrats ; des lois sévères organisèrent leur responsabilité criminelle et pécuniaire. Mais ces lois ne
devaient surtout s'appliquer qu'aux grandes magistratures de Rome. Les provinces furent livrées presque sans garanties à la merci des gouverneurs qui se
firent une habitude de les rançonner et de les piller
avec une rapacité dont le sénat et le peuple romain
se rendaient complices par leur indifférence. A l'expiration de leurs fonctions, ces gouverneurs, il est vrai,
devaient rendre leurs comptes au sénat et pouvaient
être poursuivis à Rome comme concussionnaires. Mais,
avec un peu d'habilité et en pillant les provinces
assez largement pour acheter les juges, ils étaient à
peu près sûrs de l'impunité (1).

(1) M. Ed. Laboulaye. Essai sur les lois criminelles des Romains concernant la responsabilité des magistrats, liv. II, sect. 1,
ch. I.

Nous avons vu que le gouvernement intérieur des municipes avait été organisé à l'image de celui de Rome. Les lois romaines avaient prescrit des mesures destinées à protéger l'État et les citoyens contre les entreprises des hauts fonctionnaires de la métropole; elles durent aussi donner aux municipes des garanties contre les malversations que pouvaient commettre leurs magistrats dans la gestion de la fortune municipale. Mais les magistrats municipaux furent, pour ainsi dire, soumis à une double responsabilité. Responsables sur leurs propres biens du préjudice que leur faute ou leur négligence pouvait causer à la cité, ils durent encore répondre de l'insolvabilité des contribuables.

Nous aurons donc à examiner successivement, d'une part, les garanties données aux municipes contre leurs administrateurs, et, d'autre part, la condition qui fut faite aux magistrats municipaux, c'est-à-dire à la classe des curiales, par l'obligation de répondre du recouvrement des impôts.

SECTION I. — Garanties données aux municipes contre leurs magistrats.

Les magistrats municipaux, qui ne faisaient souvent qu'exécuter les décisions de la curie, jouissaient cependant d'une certaine initiative, indispensable à la prompte expédition des affaires. Il fallut donc protéger les municipes contre les dangers d'une mauvaise administration, et surtout contre les dilapidations possibles de la part des officiers chargés du maniement des fonds. A cet égard, les lois romaines accordèrent aux municipes des garanties considérables, auxquelles furent soumis les magistrats municipaux, malgré la nécessité où ils étaient d'accepter et de gérer les charges qui leur étaient attribuées.

Les magistrats municipaux étaient responsables sur leur propre fortune des conséquences de leur administration. Mais, comme cette garantie eût été le plus souvent insuffisante pour la cité, ils furent obligés, avant d'entrer en fonctions, de donner une caution qui promettait *rem publicam salvam fore* (1). Ils durent en outre prêter le serment solennel de prendre pour règle de leur conduite les lois du municipe et l'intérêt commun de ses habitants.

Pendant la durée de leurs fonctions, les magistrats municipaux étaient, comme les tuteurs, tenus d'apporter la plus grande diligence dans l'administration de la cité et répondaient même de leurs fautes légères (1).

Chaque administrateur, en quittant ses fonctions, devait rendre ses comptes de gestion à la curie ou à trois commissaires désignés par elle. Il devait payer sur son patrimoine toutes les sommes nécessaires pour indemniser la cité de tout le préjudice que sa faute ou sa négligence avait pu lui causer, et celles dont il se trouvait réliquataire après la reddition de ses comptes. Des peines pécuniaires pouvaient en outre lui être infligées à raison du dol ou de la fraude dont il se serait rendu coupable. L'obligation de rendre compte et la responsabilité de la gestion passaient aux héritiers de l'administrateur décédé, comme toute autre obligation, sauf les peines qui étaient personnelles au coupable (2).

(1) L. 38, § 6, D., *ad municipalem.*
(2) L. 6 et 9, § 4, D., *de adm. rer.*, 50-8.
(3) L. 13, § 1, D., 44-3.

A côté des fidéjusseurs que le magistrat municipal devait fournir à son entrée en fonctions, se trouvaient d'autres personnes tacitement garantes de sa gestion. Ainsi, le père qui a consenti à ce que son fils, placé sous sa puissance, fût investi de fonctions municipales, est garant de son administration. « *Obstrictus* « *est pater, quasi fidejussor pro filio.* »

A défaut d'une protestation expresse, le consentement du père est toujours présumé (1). L'émancipation faisait cesser la responsabilité du père, à moins qu'elle n'ait été faite dans un but frauduleux (2).

Le magistrat, sortant de fonctions, répondait de la gestion de celui qu'il avait désigné à la curie pour lui succéder. Le *nominator* était déchargé de toute responsabilité, si le magistrat que la curie avait nommé sur sa proposition n'était devenu insolvable qu'après l'expiration de ses fonctions (3). D'ailleurs la responsabilité du *nominator*, comme celle du fidéjusseur, était purement civile, et ne s'étendait pas aux actions pénales encourues par celui dont il répondait (4).

Chaque fonctionnaire municipal était en outre solidaire de la gestion de ses collègues. La rigueur de cette solidarité, à laquelle on ne pouvait se soustraire par des conventions particulières, se justifiait par la possibilité pour chaque magistrat d'exercer vis-à-vis de son collègue un droit de *veto* ou *intercessio* (5). Du

(1) L. 2, pr. D., *ad municipalem*, 50-1.
(2) L. 38, § 4, D., id.
(3) L. 15, § 1, D., id.
(4) L. 17, § 15, D., id.
(5) L. 9, § 8, D.. *de adm. rer.* — L. 11, p-., *ad municip.*, 50-1. — Comp. M. Demangeat. Des obligations solidaires en droit romain, p. 174.

reste, les fonctionnaires, soumis à l'égard de la cité à cette garantie mutuelle, restaient dans leurs rapports entre eux, responsables chacun de ses propres actes, et devaient se rembourser ce qu'ils avaient payé les uns pour les autres.

La cité devait suivre un ordre déterminé dans l'exercice des différents recours qui lui appartenaient ; elle devait d'abord agir contre le magistrat dont l'administration lui avait été préjudiciable. S'il était insolvable, elle s'adressait à son fidéjusseur, à son *nominator* ou à son père ; ce n'est qu'en dernier lieu qu'elle pouvait poursuivre son collègue. Chacun de ces différents garants pouvait invoquer les bénéfices de discussion, de division et de cession d'action. Lorsqu'il payait, il pouvait par une action de mandat ou de gestion d'affaires recourir contre le fonctionnaire municipal dont il a garanti la gestion (1).

Quelque sérieuses que puissent paraître ces garanties, il pouvait cependant arriver que, dans certains cas, elles fussent insuffisantes pour sauvegarder les intérêts de la cité. C'est ce qui se produisait, par exemple, lorsque des magistrats négligents et incapables laissaient une prescription s'accomplir contre la cité ou acceptaient pour elle une hérédité onéreuse, et lui causaient ainsi un préjudice tel que leurs propres biens et ceux de leurs parents ne pouvaient suffire à le réparer. Pour prévenir ce résultat, les lois romaines imaginèrent d'assimiler le municipe au mineur et de lui accorder le bénéfice de la *restitutio in integrum* pour le cas

____

(1) De Savigny. Hist. du droit romain au moyen âge, t. I, chap. 2, p. 20, etc. — L. 2, § 8 et 10, *de adm. rer.*, D., 50-8. — L. 11, § 1, D., *ad municip.*

où il ne réussirait pas à se faire indemniser autrement du préjudice souffert (1).

Enfin, les municipes trouvèrent une garantie efficace dans la surveillance qu'excerça sur eux le gouvernement central, intéressé à plus d'un titre à la bonne gestion de leur fortune. Cette haute tutelle administrative imprima à leurs affaires une sage direction, jusqu'au jour où elle se transforma en un envahissement oppresseur et ruineux.

SECTION II. — Condition des curiales.

Les membres de la curie, appelés *décurions* et plus tard *curiales* formaient un ordre composé des personnes notables de la ville que n'attirait plus à Rome l'exercice des droits politiques. Comme les sénateurs, ils représentaient l'élément aristocratique de la population sous le rapport de la naissance, de la fortune et des dignités.

Tant que le gouvernement impérial respecta les libertés municipales et n'accabla pas les villes d'impôts, le décurionnat fut une dignité recherchée qu'on ne pouvait obtenir qu'en remplissant certaines conditions d'aptitude. Les décurions cherchèrent bientôt tous les moyens d'assurer de leur vivant à leurs fils l'honneur du décurionnat. Cette idée fut d'autant plus facilement accueillie par tous les membres de la curie, qu'en recevant ainsi le fils d'un de leurs collègues, ils

---

(1) L. 22, § 2, D., *Ex quibus causis.* — L. 9, D., *de appelat.* — La *restitutio in integrum* est la décision par laquelle le magistrat, ordinairement le préteur, rescinde, pour cause de lésion et en l'absence de tout autre moyen, un acte valable selon le droit civil, et remet juridiquement les choses dans leur état primitif.

préparaient un précédent qui pouvait un jour devenir utile à leurs propres enfants. On alla même jusqu'à ne pas attendre que le fils eût l'âge voulu, et les enfants reçurent le titre de curiale pour en remplir plus tard les fonctions. C'est ainsi que, insensiblement et indépendamment de toute mesure législative, les fonctions municipales devinrent héréditaires. Le fils du curiale fut alors curiale lui-même par droit de naissance, ou plutôt par une fatalité de la naissance. Car cette hérédité, que la législation impériale encouragea pour l'imposer ensuite, finit par peser sur les familles curiales comme une servitude détestée. Voilà ce que les curiales n'avaient pas pu prévoir en cédant à la propension qu'ont les membres d'un corps d'inféoder dans leur famille les avantages de leur position.

En effet, dans les derniers temps de l'empire, les abus d'un système financier ruineux firent du décurionnat un fardeau intolérable. Pour contenir en même temps le peuple, l'armée et les barbares, les empereurs furent obligés de dépouiller les villes et de s'immiscer, pour cela, dans leur administration. Toutes les charges imposées aux cités pesèrent sur les curiales auxquels il était naturel d'appliquer cette maxime de l'empereur Constantin : « *Opulentos sæculi subire necessitates oportet* » (1).

Pour encaisser plus sûrement les impôts décrétés par lui, le gouvernement impérial en confia la perception aux curiales, qu'il rendit responsables de la solvabilité des contribuables. Cette responsabilité devint d'autant plus lourde, que la misère et les impôts allèrent toujours croissant. Obligés de donner à leur frais

____

(1) L. 6, C. Théod., *de episcopis*, 16-2.

Choppard. 3

les jeux et les spectacles publics, de pourvoir avec
leur fortune personnelle aux dépenses des municipes
dont les ressources étaient devenues insuffisantes, les
curiales furent en outre assujettis à l'honneur dispen-
dieux d'offrir à l'empereur une couronne d'or dans
des circonstances solennelles, telles qu'une victoire,
l'avénement au trône, l'adoption d'un prince. Cet
hommage censé volontaire devint un véritable impôt
connu sous le nom d'*aurum coronarium* (1).

Les curiales, il est vrai, pouvaient seuls aspirer aux
magistratures municipales ; ils étaient exempts de la
torture et de certaines peines infamantes ; ceux qui
tombaient dans l'indigence pouvaient obtenir des ali-
ments, surtout s'ils s'étaient ruinés par leur munifi-
cence envers la cité. Mais quels dédommagements
pouvaient offrir ces avantages presque dérisoires à
côté des charges énormes qui pesaient sur les curiales (2) !

A mesure que ces charges augmentent, le nombre
des curiales diminue. L'exemption du décurionnat devint un privilége, et les cas de dispense se multiplièrent. Les militaires, les membres du clergé, les sénateurs et ceux qui avaient occupé les principales
magistratures de l'empire, étaient exempts des charges
municipales. L'effet immédiat de telles faveurs fut de
rendre ces charges plus écrasantes, en diminuant le
nombre de ceux qui devaient les supporter.

Ainsi accablés, les malheureux curiales n'eurent
d'autre ressource que de subir avec résignation leur

(1) L. 4, C. Théod., *de aur. coron.*, 12-13.
(2) Guizot. Essais sur l'histoire de France, 1ᵒʳ essai, VII. —
Serrigny. Droit administratif romain, t. I, p. 237. — L. 14, *de
decur.* D., l. 8, id.

pénible condition, ou de s'y soustraire par tous les moyens possibles. Beaucoup prirent ce dernier parti ; mais des mesures rigoureuses furent édictées contre eux. La législation impériale employa tous les moyens pour les tenir enchaînés à la curie : « *Curiæ nexibus illiguntur* » (1).

Elle leur enleva la libre disposition de leur propre personne. La dignité de sénateur et le service militaire étaient des causes d'immunité; on les prohiba aux curiales qui avaient tenté de s'y réfugier (2).

Mais ce fut surtout dans le clergé que les curiales cherchèrent un refuge. Le respect qu'inspirait alors la religion chrétienne n'arrêta cependant pas l'activité du gouvernement impérial à réclamer ceux qui, pour échapper à leur condition, entraient dans les ordres ecclésiastiques, et à enlever les prêtres à l'autel pour les rendre à la curie. Constantin, qui avait placé le christianisme sur le trône des Césars, ne crut pas manquer à ses devoirs de chrétien en ne permettant l'état de clerc qu'aux personnes d'une fortune assez médiocre pour les exempter du décurionnat. Plusieurs lois imposèrent au curiale qui se destinait à l'état ecclésiastique la condition d'abandonner ses biens à la curie ou d'en disposer en faveur d'un parent à qui ces biens donneraient la fortune nécessaire pour devenir curiale : « Les curiales, dit l'empereur Théo-
« dose dans une loi de 383, qui préfèrent le service
« des églises au service des curies, veulent-ils être, en
« effet, ce qu'ils affectent de paraître? qu'ils renoncent
« aux biens tentateurs. Nous ne les affranchissons de

(1) L. 51, C., *de decur.* — L. 50, C. Théod., *de decur.*
(2) L. 130, C. théod., *de decur.* l. 19, id. — L. 17-55-51, C., *de decur.* — L. 4, C., *qui milit. poss.* — L. 1, C., *de fugit. colon.*, 11-63.

« leurs obligations qu'autant qu'ils mépriseront et
« abandonnneront leur patrimoine. En effet, convient-
« il que des des esprits entièrement occupés de la
« contemplation divine s'inquiètent dès biens de la
« terre » (1)? Une loi qui proclamait déjà le principe
de la séparation du temporel et du spirituel était de
nature à mécontenter le clergé, dont l'influence à cette
époque grandissait chaque jour, en même temps que
s'affaiblissait l'autorité du pouvoir impérial. Aussi
ces mesures, accompagnées de réflexions peu dignes
d'un législateur catholique, valurent-elles à Théodose
les remontrances de saint Ambroise, archevêque de
Milan (2).

On ne se contenta pas de fermer aux curiales l'entrée des diverses professions pouvant les détourner de
leurs charges ; on alla jusqu'à leur interdire de quitter
un seul instant le territoire de la cité, sans une autorisation spéciale, lors même qu'ils avaient à se rendre
auprès de l'empereur, soit pour leurs propres affaires,
soit pour les affaires publiques (3). Ils ne pouvaient
pas même aller à la campagne chercher le repos et
la tranquillité ; on confisquait la maison de campagne
de celui qui préférait la villégiature aux fonctions municipales (4). Les curiales qui, malgré ces entraves,
abandonnaient leur cité, y étaient ramenés de force ;
s'ils échappaient aux recherches, leurs biens étaient
confisqués au profit de la curie.

(1) L. 104, C. théod., *de decur.*, 12-1 :— L. 3, C. Théod., *de episcopis.*
(2) Raynouard. Histoire du droit municipal en France, t. I, liv. I,
ch. 9.
( ) L. 16, C., *de decurion.*
(4) L. 1, C., *si curiales rel. civ.*, 10-37.

Mais c'était peu pour le fisc impérial d'avoir enlevé aux curiales toute liberté individuelle. Ce qui lui importait davantage, c'était de s'assurer leur fortune, en l'empêchant de passer dans les mains de personnes étrangères à la curie. Aussi imagina-t-il divers moyens de conserver aux curies les biens des curiales, comme si les charges qui pesaient déjà sur eux ne suffisaient pas pour absorber leur patrimoine. Les empereurs voulurent enrichir la curie afin de la dépouiller à leur profit. Constantin lui attribue la succession du curiale mort sans héritiers. Si le curiale laisse des héritiers légitimes ou testamentaires, la curie aura toujours droit à une réserve d'un quart de l'hérédité, à moins que ce quart ne soit laissé à un fils légitime ou à un autre curiale (1).

Ces précautions eussent été inutiles sans la prévoyance du génie fiscal des empereurs. Les curiales auraient pu, par des aliénations déguisées, éluder les lois qui réglaient leur succession au profit de la curie : la libre disposition de leurs biens entre-vifs leur est retirée. Ils ne peuvent vendre leurs immeubles sans une autorisation du gouverneur de la province, qui ne l'accorde que s'ils justifient d'une impérieuse nécessité dont il est juge. A défaut de cette autorisation, la vente sera nulle, et l'acheteur devra même restituer le fonds avec ses fruits, sans pouvoir prétendre à la restitution du prix. La vente seule est prohibée, parce qu'elle procure des capitaux faciles à soustraire aux recherches. L'échange, au contraire, resta permis, parce qu'il ne faisait que substituer un gage à celui

____

(1) L. un. C. théod., *de bonis decur.* — L. 1 et 2, C., *quando et quibus quarta pars*, 10-34.

existant déjà pour la curie. Quant à la donation, les empereurs pensèrent tout d'abord que l'intérêt des curiales suffirait à les en détourner. Il n'en fut rien cependant, et les curiales préférèrent donner leurs biens à un ami, plutôt que de les voir absorbés par la curie au profit du gouvernement impérial. Aussi Justinien prohiba toute espèce de donations, même celles à cause de mort. Il ne toléra que la donation *propter nuptias*, qui était destinée à favoriser le mariage. Il importait en effet au fisc que la race des curiales ne s'éteignît pas (1).

A cette détresse des curies municipales se rattache une institution qui, bien que née sous la seule influence des nécessités fiscales du Bas-Empire, n'en réalise pas moins une idée morale et humanitaire : nous voulons parler de la *légitimation par oblation à la curie*. Le curiale ne transmettait son titre qu'à ses fils légitimes. Les enfants naturels, ne suivant pas la condition de leur père, échappaient à cette hérédité devenue si onéreuse. Dans le but de procurer de nouveaux membres à la curie, les empereurs Théodose le Jeune et Valentinien imaginèrent de donner au père la faculté de légitimer son enfant naturel en l'offrant à la Curie de sa ville natale. Pour la validité de cette légitimation, il fallait que le père n'eût pas d'enfants légitimes, qu'il donnât au moins vingt-cinq arpents de terre à son fils naturel, et que celui-ci consentît à cette légitimation ; il n'était pas nécessaire que le père fît lui-même partie de la curie. Justinien accorda ce droit de légitimation même au père qui avait des en-

(1) L. 1, C., *de præd. cur.*, 10-33. — Nov. 28, § 2. — Nov. 87, præf. et ch. I.

fants légitimes. Il admit que l'enfant naturel, dont le père serait décédé sans descendants légitimes, pourrait se légitimer lui-même en s'offrant à la curie. Enfin, la fille naturelle pouvait être légitimée par son mariage avec un curiale, pourvu que le père lui constituât en dot vingt-cinq arpents de terre. La curie y trouvait son avantage, car le curiale recevait de sa femme certaines libéralités, et les enfants, issus de cette union et curiales de naissance, devaient un jour recueillir la fortune de leur mère (1).

Malgré toutes ces mesures, la curie trouva difficilement à se recruter. Les citoyens se souciaient peu d'une dignité aussi compromettante pour leur fortune que gênante pour leur liberté. Tous les moyens furent alors employés pour combler les vides qui se faisaient chaque jour dans la curie. Les empereurs y firent entrer de force tout propriétaire de vingt-cinq arpents de terre. La condition de curiale fut même infligée comme une peine, et on s'habitua à considérer la curie comme un lieu de châtiment, au point qu'une constitution dut recommander aux juges de ne pas voir un supplice dans le fait d'être voué à la curie (2).

En résumé, on voit que la condition des curiales devint déplorable, et que leurs personnes et leurs biens furent impitoyablement sacrifiés aux intérêts du fisc. La mort, qui seule pouvait soustraire les curiales à la curie dut souvent être considérée par eux comme une délivrance. Et Justinien nous apprend que beaucoup d'entre eux s'abstenaient de mariage pour ne pas

(1) M. Accarias, t. I, n° 117. — L., 9, § 3, C., *de natur. liberis*, 5-27. — L. 3, id. — Nov. 89, chap. 2 et 7.
(2) L. 38, C., *de decur.*

transmettre à leur race le malheur qui les accablait. Toutes ces rigueurs du despotisme impérial n'eurent d'autre résultat que d'amener l'abaissement moral des citoyens et la ruine des municipes (1).

(1) Nov. 38, præf., § 1. — Serrigny, I, 1-3, ch. 3.

CHAPITRE III.

Le municipe n'était pas une simple circonscription administrative et ne représentait pas seulement la réunion d'intérêts particuliers ; il constituait aussi une personne civile, *universitas*, ayant une existence propre et individuelle. Mais, bien que sa formation fût une nécessité, une cité n'avait point d'existence légale dans l'Etat tant qu'une autorisation du gouvernement n'était pas venue lui créer une personnalité. Jusque-là, ce n'était qu'une agglomération de constructions et une réunion fortuite d'individus sur le même point. Chez les Romains, en effet, la création d'une personne morale quelconque fut de tout temps subordonnée à une autorisation préalable dont la forme varia nécessairement avec celle du gouvernement. Sous la République, il fallait une loi ou un sénatus-consulte ; sous l'Empire, un sénatus-consulte ou une constitution impériale. Cette personnalité de la cité pouvait lui être enlevée par l'autorité qui la lui avait concédée (1).

Régulièrement investi d'une personnalité civile, le municipe jouit d'une capacité juridique dont l'exercice est confié à ses représentants légaux. Comme toute personne, il a des droits et des obligations qui lui sont

(1) L. 1, pr. D., *quod cujuscumque univ.*, 3-4. — L. 3, § 1, D., *de colleg.*, 47-22. — De Savigny. Traité de droit romain, II, § 89, p. 274, trad. Guénoux.

propres ; il a un patrimoine absolument distinct et indépendant du patrimoine individuel de chacun de ses habitants ; en un mot, on ne doit pas confondre le municipe avec la collection des individus qui le composent. Ce principe fondamental de la personnalité des municipes se trouve établi dans un grand nombre de textes où il reçoit son application. De l'ensemble de ces textes il résulte que, quand une cité acquiert, contracte, s'oblige, agit en justice, c'est la cité, personne juridique, qui devient propriétaire, créancière ou débitrice, demanderesse ou défenderesse, et non pas la totalité des habitants, chacun pour sa part indivise (1).

Mais le municipe n'est pas seulement tenu des obligations conventionnelles contractées en son nom ; il peut encore se trouver personnellement obligé par les délits de ses préposés ou de ses membres, c'est-à-dire encourir une responsabilité.

C'est cette responsabilité du municipe qui doit plus particulièrement arrêter notre attention.

Il est de principe dans toutes les législations que celui qui, par un acte illicite, cause un dommage à autrui, en est responsable et doit le réparer.

Cet acte est parfois d'une gravité telle qu'il porte atteinte aux droits de la société tout entière : alors la responsabilité est pénale, et la loi criminelle frappe le coupable dans ses biens, dans sa liberté, ou même dans son existence. Mais il arrive aussi que l'acte

---

(1) L. 22, D., *de fidej.*, 47-1. « *Municipium personæ vice fungitur* » — L, 6, § 1, D., *de divis. rer.*, 1-8. « *Universitatis sunt, non singulorum, quæ in civitatibus sunt communia.* » — L. 7, § 1, D., *quod cujuscumque univ.*, 3-4. « *Si quid universitati debetur, singulis non debetur ; nec quod debet universitas, singuli debent.* » — L. 2, D., 3-4.

illicite ne viole que des intérêts privés, sans porter aucune atteinte à l'ordre public, aux droits de la société : il ne tombe pas alors sous le coup de la loi criminelle. Néanmoins le législateur a dû assurer aux droits de chacun une protection efficace ; c'est pourquoi il impose une responsabilité à celui qui les méconnaît. Cette responsabilité, toute civile, consiste à réparer, soit au moyen d'une indemnité pécuniaire, soit d'une manière plus directe, le préjudice qui a été iujustement causé.

Les lois romaines, sauf quelques exceptions (1), ont toujours respecté la règle fondamentale de l'imputabilité et n'ont jamais imposé la responsabilité, même civile, d'un acte illicite à d'autres qu'à son auteur (2). Il semble que l'énonciation de ce principe suffise pour démontrer l'irresponsabilité absolue d'un municipe, c'est-à-dire d'une personne juridique, incapable de volonté propre et d'activité personnelle. Cependant il est des cas où, en raison même de sa personnalité, le municipe est soumis à une certaine responsabilité civile. Des auteurs sont même allés jusqu'à lui attribuer une responsabilité pénale. Dans tous les cas, il ne peut être responsable que des fautes commises par ses membres ou par ses représentants dans l'exercice de leurs fonctions.

Nous allons maintenant rechercher dans quelles circonstances et dans quelle mesure les municipes étaient responsables. A cet égard, nous ditinguerons la responsabilité pénale et la responsabilité civile.

(1) Instit. *De oblig. quæ quasi ex delict. nasc.*, §§ 1, 2, 3, 4, 5.
(2) L. 22, C. *de pœnis*, 9-47. « *Peccata suos teneant auctores : nec ulterius progrediatur, quam reperiatur delictum.* »

SECTION I. — Responsabilité pénale.

La responsabilité pénale des municipes suppose
pour eux la possibilité de commettre un crime et de
subir une peine. Disons dès à présent que cette possibilité ne saurait se concevoir, la raison se refusant à
pousser la personnalité fictive des municipes jusqu'à
la pénalité.

Bien que l'idée d'une responsabilité pénale des municipes soit peu rationnelle, des auteurs (1) ont cependant cherché à l'établir et à la justifier. Ils partent de
ce principe qu'une personne juridique a une capacité
absolue de droit et d'action qui n'est limitée par aucune restriction, et ils en concluent qu'elle peut commettre un délit et encourir une peine. Ces auteurs sont
bien obligés de reconnaître que certains délits ne
peuvent être imputés à la personne juridique, et que
certaines peines ne peuvent être par elle encourues
Personne en effet ne songera à accuser une cité d'adul-
tère ou de bigamie, et il ne viendra pas à l'idée du
juge de la condamner à la déportation ou au banis-
sement. D'ailleurs, on a soin d'observer dans ce système que ces cas d'impossibilité, qui tiennent à la
nature des choses, ne détruisent pas le principe de la
responsabilite pénale des municipes, mais ne font que
le restreindre dans ses applications.

Malgré ce tempérament, ce système est inadmis-
sible, parce qu'il part d'un principe erroné. Il attribue
aux personnes juridiques une capacité absolue qu'elles
n'ont pas en réalité. La capacité fictive de ces per-

(1) Stieber, Mühlenbruch, Sintenis, cités par M. de Savigny, II,
§ 94.

sonnes ne dépasse pas l'objet de leur personnalité, qui est surtout de leur donner l'aptitude au droit de propriété. Pour l'exercice de ce droit, la capacité d'acquérir, de contracter, d'agir en justice est assurément indispensable. Mais il n'en est pas de même de la faculté de commettre un crime ou un délit. Cette faculté n'est pas plus nécessaire pour l'exercice du droit de propriété que ne l'est, par exemple, la capacité des rapports de famille desquels les personnes juridiques sont naturellement exclues.

La vérité est que les municipes, comme toutes les personnes juridiques, ne peuvent encourir aucune responsabilité pénale, parce qu'ils sont incapables de commettre un crime et de subir une peine. Ce système est le seul rationnel, mais on le justifie par des raisons différentes, parmi lesquelles nous devons choisir les plus satisfaisantes.

Certains auteurs (1), en effet, y arrivent par le raisonnement suivant : le municipe est une personne juridique qui ne doit son existence fictive qu'à une autorisation du pouvoir souverain, laquelle ne lui est accordée que pour une fin déterminée et licite. En commettant un délit, le municipe déroge à cette fin, cesse d'être une personne juridique et ne peut plus dès lors être puni comme tel. Ce raisonnement n'est pas exact, ou, pour mieux dire, il prouve trop; car si on l'admet, il faut, pour être logique, en conclure nécessairement que jamais une personne juridique ne peut défendre à une action en justice, puisque toute demande suppose, de la part du défendeur, la violation d'un droit qui

(1) Zachariæ, Haubold, Fuerbach, cités par M. de Savigny, II, § 94.

serait contraire aux conditions de l'autorisation constitutive de la personne juridique. Allons plus loin :
tout citoyen est tenu d'obéir aux lois de son pays, qui,
en échange, lui assurent le libre exercice de sa capacité et la protection de ses droits. Il déroge à ces lois
et manque à son devoir lorsqu'il commet un délit;
perd-il pour cela sa personnalité? Cesse-t-il d'être
responsable et passible d'un châtiment? Assurément
non, et l'argument tombe de lui-même devant la conclusion à laquelle il doit logiquement aboutir.

Il faut donc chercher ailleurs la véritable raison de
l'irresponsabilité pénale des municipes. Nous la trouvons dans les principes supérieurs du droit criminel
combinés avec la nature des personnes juridiques. Le
droit criminel considère l'homme comme un être libre,
intelligent et sensible. La personne juridique, dépourvue de toute individualité physique et morale, n'a
ni liberté, ni intelligence, ni sensibilité. Ce n'est qu'un
être abstrait, qui échappe aux atteintes de la justice
pénale. Si au point de vue du droit civil, les résolutions des représentants de la personne juridique sont,
par l'effet d'une fiction, regardés comme l'expression
de sa volonté, cette représentation, exclusive de toute
volonté individuelle, ne saurait rationnellement pro-
duire les mêmes effets dans la sphère du droit pénal.
Que le délit ait été commis par plusieurs et même par
tous les membres ou les représentants de la personne
juridique, chacun de ceux qui y auront pris part aura
à en répondre pénalement, car la responsabilité pénale
est individuelle et pèse exclusivement sur l'auteur
même du délit.

Vainement viendra-t-on prétendre qu'il y a une inconséquence à admettre que le municipe peut souffrir

d'un délit et ne peut en commettre lui même. Le municipe peut souffrir d'un délit, parce qu'il peut être propriétaire, et que la violation de la propriété constitue un délit, peu importe que le propriétaire soit un être fictif ou un être réel. Mais le municipe ne peut pas commettre un délit, parce que ce mode d'activité est contraire à l'essence de sa personnalité.

La doctrine qui attribue aux municipes une responsabilité pénale présente une autre difficulté, relative à l'application de la peine. Nous voyons bien, dans l'histoire romaine, des villes, dont les magistrats ou les habitants s'étaient rendus coupables de trahison ou de révolte, soumises à un traitement rigoureux qui ressemble imparfaitement à une peine. L'exemple le plus remarquable est celui de Capoue, qui, pendant la deuxième guerre punique, trahit l'alliance de Rome. Cette trahison fut sévèrement punie : les principaux habitants furent exécutés, la ville perdit complètement sa constitution municipale et fut réduite à n'être plus qu'un lieu habité (1). D'autres fois, en punition de son crime, une ville pouvait être détruite ou perdre sa personnalité, ses priviléges, ses distinctions honorifiques ; mais ce sont là des actes politiques émanant d'un souverain, et non l'application des lois pénales par le pouvoir judiciaire.

Une seule peine serait susceptible d'atteindre efficacement le municipe : c'est une peine pécuniaire, une amende frappant sur ses biens ou sur ses revenus. Mais si cela est possible en fait, cela ne peut être admis en droit, car, nous le répétons, le municipe ne

(1) « Habitari tantum, tanquam urbem, Capuam frequentarique « placuit ; corpus nullum civitatis. » (Tite-Live, XXVI-16.)

peut jamais être agent pénalement responsable d'un délit, et le punir pour le délit de ses administrateurs ou de ses habitants, ce serait violer le grand principe du droit pénal, qui exige l'identité du délinquant et du condamné (1).

SECTION II. — Responsabilité civile.

Le principe de la personnalité des fautes que nous avons signalé en droit pénal se rencontre également en droit civil. La responsabilité civile, en effet, repose elle-même sur l'idée d'une faute, d'une négligence coupable de la part de celui qui y est soumis; ce qui suppose encore un être doué de volonté propre et d'activité personnelle. Si donc on suivait la conclusion logique jusqu'à la rigueur, il faudrait dire que la personne juridique ne peut encourir aucune responsabilité, pas plus en droit civil qu'en droit pénal. Mais,

(1) Ces principes du droit romain ont été méconnus par une constitution de l'empereur Frédéric II, dont deux fragments se trouvent rapportés dans le *Corpus juris*, en note sous le titre *de. Episcopis*, au Code. Cette constitution ordonne que les corporations, qui se rendront coupables d'exactions envers les églises, devront restituer le triple de la valeur exigée. (L. 2, note C, *de Episcopis*, 1-3. — L. 13, note id.

. Une autre constitution du même empereur, insérée dans les *Libri feudorum*, applique spécialement ces dispositions aux cités, en réduisant toutefois la peine, à laquelle elles devront être condamnées, au double de la valeur des exactions dont elles se seraient rendues coupables envers les églises. « Illicitas exactiones, « maxime ab ecclesiis per civitates omnino condemnamus et « prohibemus ; et si factæ fuerint, in duplum reddentur. » (Feud., liv. II, tit. 53, § 2.)

Ces constitutions, qui appartiennent plutot au droit canonique qu'au véritable droit romain, ont été abrogées par le pape Innocent IV. (V. Corpus juris, *Constitutiones Friderici secundi*, tit. I, §§ 2 et 3.)

puisqu'on lui permet de contracter, de prendre des obligations, s'il y a des retards, des inexactitudes, des fautes mêmes dans l'exécution de ces obligations, il est juste qu'elle soit tenue d'en réparer les conséquences. Puisqu'on lui permet d'être propriétaire, d'agir en cette qualité et d'avoir certains intérêts civils, n'est-il pas juste de la rendre responsable, comme tout propriétaire, des dégats que peuvent causer les êtres animés et les choses dont elle a la propriété, et des actes préjudiciables que peuvent commettre les personnes employées au service de ses intérêts? Autrement, il n'y aurait aucune sécurité à traiter, à entrer en relation avec elle, et sa personnalité civile elle-même serait vaine et stérile.

Mais, en droit romain, les principes qui régissent la responsabilité sont loin d'être aussi simples et aussi rationnels qu'en notre droit français. Cela tient sans doute au formalisme rigoureux de la législation romaine, qui détermina limitativement le nombre des contrats et des délits pour soumettre chacun d'eux à des règles spéciales.

C'est pourquoi nous ne devons pas nous étonner de ne rencontrer aucune règle précise sur l'étendue de la responsabilité civile des municipes. Quelque textes épars semblent bien y faire allusion, mais ils sont insuffisants.

Aussi sommes-nous obligés de rechercher dans les dispositions du droit commun celles qui sont compatibles avec le caractère fictif des municipes.

Comme nous l'avons déjà indiqué plus haut, les municipes, étant par eux-mêmes incapables de vouloir et d'agir, ne peuvent avoir à répondre que des actes dommageables commis par les personnes qui les représentent, c'est-à-dire soit par leurs esclaves, soit par leurs magistrats, soit par leurs habitants.

Nous allons examiner la responsabilité des municipes à ces trois points de vue.

§ 1. — *Responsabilité des municipes à raison du dommage causé par leurs esclaves.*

Le municipe, étant propriétaire, doit subir toutes les conséquences du droit de propriété. Pouvant, comme tout particuler, être propriétaire d'esclaves, il profitera de leurs acquisitions et de leurs stipulations. Il pourra même, dans certains cas, se trouver obligé par leurs conventions ou leurs délits.

L'état d'esclavage auquel est soumis l'auteur d'un acte illicite ne le met pas à l'abri des conséquences de son délit (1). Mais, comme il n'a pas de biens, son obligation de réparer le dommage qu'il a causé se trouve dépourvue de sanction. Le droit de propriété du maître, qui seul fait obstacle à la réparation, doit céder, car il est de l'intérêt de la société tout entière qu'il n'y ait pas dans son sein des individus capables de nuire impunément. Ce sont ces considérations qui, dès la loi des Douze Tables, avaient fait admettre que la partie lésée par le fait d'un esclave pouvait agir contre le maître, en réservant à celui-ci la faculté de faire l'*abandon noxal*, c'est-à-dire de se dispenser de payer le montant du dommage par l'abandon au demandeur de l'auteur du délit. Cette faculté d'abandon n'était que l'application d'une idée générale que les anciens Romains paraissent avoir considérée comme

____

(1) L. 14, D., *de oblig.*, 44-7.

essentielle à la propriété, à savoir : que le propriétaire ne doit pas éprouver, par les choses qui lui appartiennent, un dommage superieur à la valeur de
ces choses mêmes (1).

Toutefois, le maître qui a donné à son esclave
l'ordre de commettre un délit, ou qui peut être considéré, d'après les circonstances, comme ayant consenti
à sa perpétration, sera traité comme auteur ou com-
plice de ce délit, et, à ce titre, tenu de l'action directe
qui en résulte au profit de la partie lésée, sans pouvoir
se libérer par l'abandon noxal (2).

Mais le maître, qui n'a ni conseillé ni même connu
le délit commis par son esclave, n'en est pas moins
tenu de l'action noxale qui l'oblige à réparer le dommage, ou, s'il aime mieux, à faire l'abandon de l'auteur du délit. Cette action n'est point fondée sur le
principe que le propriétaire doit surveiller ses esclaves, mais bien sur une sorte de droit de suite appartenant à la victime du dommage sur l'esclave qui
l'a causé, d'où la maxime : *noxa caput sequitur* (3).
C'est pourquoi l'action noxale se donne toujours
contre le propriétaire actuel de l'esclave, et non contre
celui auquel l'esclave appartenait quand le délit a été
commis. C'est aussi pourquoi, lorsque l'esclave coupable est affranchi, il ne peut plus être question

(1) Instit. IV-VIII, *de noxalibus act.*, pr. et § 2.

(2) L. 2 et 3, D., *de nox. act.*, 9-4. — L'*action noxale* ne forme
point une action particulière, mais une manière d'être des actions
qui naissent des délits. Le mot *noxal* vient de *noxa* qui désigne
l'auteur du méfait ou quelquefois le méfait lui-même. Ce n'est
qu'un adjectif ajouté au nom de l'action *legis Aquiliæ* ou de toute
autre action résultant d'un delit pour exprimer que cette action,
n'étant point donnée contre l'auteur même du fait illicite, doit
laisser au défendeur la faculté de l'abandon noxal. (Instit., *de
nox. act.*, §§ 1 et 4. — L. 1, D., *de nox. act.*)

(3) L. 43, D., *de nox. act.*, 9-1.

d'abandon noxal, et on doit désormais exercer l'action directe contre le délinquant devenu libre, et, par suite, capable d'être personnellement poursuivi en justice (1).

Rien n'empêche d'appliquer aux municipes ces règles concernant la responsabilité du maître à raison des délits de ses esclaves. Car cette responsabilité, inhérente à la puissance dominicale, ne suppose, chez le maître, ni volonté ni acte personnel. Ainsi donc, les municipes sont tenus de réparer le dommage causé par leurs esclaves, à moins qu'ils ne préfèrent se soustraire à cette responsabilité en abandonnant à la partie lésée l'auteur du dommage (2).

§ 2. — *Responsabilité des municipes à raison du dommage causé par leurs magistrats.*

Les municipes ne pouvaient pas être pénalement responsables des actes illicites de leurs représentants, mais de ce qu'un délit ne peut pas leur être imputé, il ne s'ensuit pas pour cela qu'il ne puisse pas réfléchir contre eux. Un municipe, en effet, est civilement responsable des fautes et des délits commis envers les tiers par ses administrateurs, jusqu'à concurrence du profit qu'il en a retiré, ce qui, du reste, n'empêche pas les administrateurs coupables d'être soumis, suivant le droit commun, à toutes les conséquences de leur délit. Cette responsabilité du municipe se trouve éta-

(1) Instit. *de nox. act.*, 4-8, § 5. « Si servus manumissus fuerit, « directo ipse tenetur et extinguitur noxæ deditio. »
(2) Bonjean. Traité des actions, II, § 308.

blie par des textes d'Ulpien, dont nous allons donner l'analyse :

Dans l'un d'eux, ce jurisconsulte se demande si l'*action de dol* peut être dirigée contre un municipe, et il répond : « Il ne peut s'agir du dol du municipe lui-même, car, quel dol peut-il commettre? Quant au dol commis par ses administrateurs, si le municipe en a profité, l'action de dol pourra être excercée contre lui. Elle devra néanmoins être dirigée personnellement contre les décurions, auteurs du dol » (1).

Même théorie dans un autre texte, où il dit que le possesseur d'un immeuble, dépossédé violemment au nom d'un municipe, pourra obtenir contre lui l'interdit *undè vi*, si ce municipe a profité de cette dépossession violente (2).

Ainsi, toutes les fois qu'un municipe aura retiré un avantage d'un acte dommageable commis par l'un de ses magistrats, il pourra être actionné par celui qui aura éprouvé le dommage, sinon le magistrat coupable sera seul soumis aux conséquences de son délit.

§ 3. — *Responsabilité des municipes à raison du dommage causé par leurs habitants.*

Nous venons de voir comment les municipes pouvaient être obligés, à raison du dommage causé par le fait de leurs esclaves ou de leurs magistrats. Il nous reste à examiner dans quelle mesure ils étaient responsables du dommage causé par leurs habitants.

Si nous appliquions ici les principes du droit com-

(1) L. 15, § 1, D. *de dolo malo*, 4-3.
(2) L. 4, D., *de vi et de vi armata*, 43-16.

mun que nous avons déjà eu l'occasion de rappeler,
nous serions nécessairement conduit à décider que
les municipes n'encourent aucune responsabilité à
raison des actes dommageables de leurs habitants.
Mais cette solution semble, au premier abord, contre-
dite par des textes, dont il est d'ailleurs difficile d'apprécier la portée.

Dans un texte un peu obscur, Ulpien dit que l'action
quod metus causa peut être donnée contre la cité dont
le peuple s'est rendu coupable de violence. Et il cite
cet exemple : les citoyens de Capoue avaient arraché
par violence, à un individu, une promesse écrite. En
conséquence, celui-ci pouvait, à son choix, agir directement contre la cité par l'action *quod metus causa*, à
l'effet de faire annuler sa promesse, ou attendre la
demande de la cité pour la repousser par l'exception
quod metus causa (1).

Des interprètes ont cru voir dans ce texte une contradiction avec une autre décision du même jurisconsulte, que nous avons analysée plus haut, et d'après
laquelle l'action de dol ne pouvait être donnée contre
un municipe que dans le cas où celui-ci avait retiré un
avantage du dol commis par ses représentants (2).
Cette opinion est certainement inexacte. Ulpien ne se
contredit point, et, après avoir décidé que l'action de
dol ne peut être exercée contre un municipe parce
qu'il n'est pas *doli capax*, il ne donne pas une solution
opposée dans le texte qui nous occupe, il ne fait qu'appliquer le principe en vertu duquel l'action *quod metus causa* peut être intentée, non-seulement contre

(1) L. 9, §§ 1 et 3, D., *quod metus causa*. — Vernet. Textes choisis sur la théorie des obligations, p. 239.
(2) L, 15, § 1, D., *de dolo malo*.

l'auteur de la violence, mais encore contre le tiers qui
en a profité. Or, dans l'espèce, la ville de Capoue était
précisément ce tiers, car, en vertu de la pollicitation
violemment obtenue, elle avait, comme ville, une
créance valable de plein droit, et s'était ainsi enrichie
par suite de la violence de ses habitants. En donnant
contre elle l'action *quod metus causa*, on ne fait donc
que la soumettre au droit commun, qui veut que cette
action soit donnée contre toute personne qui a profité de la violence, alors même que ce n'est pas elle
qui en est l'auteur (1).

Peut-on s'appuyer sur ce texte d'Ulpien pour soutenir que les lois romaines rendaient les municipes
responsables des faits de violence accomplis par leurs
habitants? Assurément non, puisque les municipes
sont soumis à l'action *quod metus causa*, non pas
comme responsables du dommage causé, mais seulement comme ayant retiré un avantage de la violence
exercée par leurs habitants.

L'existence de cette responsabilité des municipes, si
contraire aux principes du droit romain, ne semble
pas davantage démontrée par quelques textes très-
courts et surtout très-équivoques que des auteurs
ont cru, néanmoins, pouvoir citer à l'appui de cette
thèse (2). Ces auteurs citent, notamment, deux textes,
l'un de Scœvola et l'autre d'Ulpien, ainsi conçus :
« *Quod major pars curiæ effecit, pro eo habetur ac si
« omnes egerint.* »—« *Refertur ad universos quod publicè
« fit per majorem partem* »(3). Mais peut-on, avec quel-

(1) De Savigny, II, § 95.
(2) M. Laferrière. Cours de droit public et administratif, II,
liv. 2, tit. 2, chap. 3, § 6.
(3) L. 17, D., *ad municipal.*, 50-1. — L. 160, D., *de regulis juris*.

que vraisemblance, voir dans ces maximes l'idée d'une responsabilité collective des municipes? N'est-ce pas plutôt une application aux curies municipales de ce principe commun à toute assemblée délibérante, à savoir que les décisions prises par la majorité des membres sont réputées prises par tous? Cette dernière interprétation est évidemment la plus sûre et la plus plausible.

Quoi qu'il en soit ces textes ne sont pas décisifs (1); ils sont insuffisants pour établir que les lois romaines avaient rendu les municipes responsables du dommage causé par leurs habitants. Il y a tout lieu de croire, au contraire, que les Romains appliquaient aux municipes la même doctrine que nous trouvons consacrée pour les curies dans une constitution de Majorien. Cette constitution, au nom de l'équité et des règles du droit ancien, décide qu'une curie ne doit pas subir la peine du délit imputable à l'un de ses membres. Elle applique au membre coupable la règle : *noxa caput sequitur*, et défend de prononcer contre la curie des condamnations générales qui feraient retomber sur tous les conséquences du délit d'un seul (2).

— On peut encore invoquer en faveur de cette opinion une constitution impériale relative aux charges imposées aux curiales et qui porte : *Et publica damna sarciant.* » Le municipe, peut-on dire, était responsable, mais en réalité c'était toujours la classe des curiales qui supportait la réparation des dommages publics. (L. 39, C.. *de decurionibus*, 10-31.)

(1) Ce qui n'a pas empèché les légistes du moyen âge de les invoquer pour étendre jusqu'à la pénalité la personnification des villes. — M. Ortolan. Elém. de droit pénal, I, n° 491. — V. *Infra*, p. 77.

(2) Nov. de Majorien, tit. 7. (Recueil d'Hugo. *Jus civile antejust.*, p. 1386, § 11.) « Nunquam curiæ a provinciarum rectoribus gene-« rali condemnatione mulctentur, cum utique hoc et æquitas sua-« deat et regula juris antiqui, ut noxa tantum caput sequatur, ne « propter unius fortasse delictum alii dispendiis affligantur. »

DE LA RESPONSABILITÉ

DES

COMMUNAUTÉS D'HABITANTS [1].

Nous venons de voir qu'il n'a rien existé dans la législation romaine qui eût quelque rapport avec notre responsabilité communale. Si les municipes pouvaient encourir une certaine responsabilité, ce n'était que comme personnes civiles et dans les limites du droit commun. Mais aucune disposition précise ne les rendait responsables, comme société, des actes de leurs membres.

Notre ancien droit, au contraire, renferme de nombreuses applications du principe de la responsabilité communale. On peut même, avec quelque vraisemblance, en faire remonter l'origine jusqu'à la garantie mutuelle que certaines lois barbares avaient établie entre les membres d'une même famille.

[1] Le langage administratif de notre ancienne France avait des expressions différentes pour désigner les associations locales. L'expression « *communauté d'habitants* » est prise ici dans un sens générique.

CHAPITRE PREMIER.

Epoque barbare.

RESPONSABILITÉ OU GARANTIE MUTUELLE DES FAMILLES, TRIBUS, DÉCANIES, CENTÉNIES, ETC.

Lorsque les Barbares s'établirent sur les ruines de l'empire romain et notamment dans les Gaules, ils trouvèrent les populations régies par une législation dont la supériorité les frappa, et qui ne tarda pas à exercer sur leurs institutions et leurs mœurs une influence salutaire. En se fixant, en devenant propriétaires, ils contractèrent, soit entre eux, soit avec les Romains, des relations plus durables que celles qu'ils avaient connues jusqu'alors. Les coutumes qu'ils apportaient, probablement non écrites, devinrent insuffisantes pour régler leur existence civile qui prenait chaque jour plus d'extension au contact de la civilisation romaine. Aussi après avoir, autant par politique que par nécessité, laissé subsister le droit romain pour les populations vaincues, les Barbares lui firent des emprunts, et leurs coutumes s'imprégnèrent, à leur insu, des principes de cette législation dont elles finirent même par adopter la langue (1).

C'est surtout dans la sphère du droit civil que les

(1) Guizot. Histoire de la civilisation en France, t. I, 8ᵉ leçon.

Barbares subirent cette influence. Leur droit criminel,
au contraire, qui occupe dans leurs lois la première
place, resta essentiellement national. On comprend,
en effet, que, dans une société barbare, les pénalités
soient empreintes de la grossièreté et de la brutalité
des mœurs auxquelles ne saurait convenir la législation pénale d'une société civilisée.

Un des caractères les plus curieux des coutumes
barbares est la solidarité qui existait entre les membres d'une même famille ou d'une même tribu. Cette
solidarité rendait la famille ou la tribu garante des
actes de chacun de ses membres et faisait supporter
à tous les conséquences du délit commis par l'un
d'eux.

Il ne faut pas s'étonner de voir à cette époque un
ensemble d'habitants rendu responsable des délits de
droit commun. Car, dans une société où le désordre
des volontés et des forces individuelles était extrême,
où nul pouvoir social n'était organisé pour en prévenir les excès, où la difficulté d'atteindre les coupables
rendait ceux-ci plus audacieux, il était nécessaire de
protéger les personnes et les propriétés par l'établissement d'une responsabilité collective. Les parents,
les concitoyens du délinquant, furent tenus de le livrer
ou de participer à la réparation de son délit. On assurait ainsi la sécurité publique, en intéressant tous les
individus au respect des droits de chacun et à la répression des crimes (1).

Cette garantie mutuelle se rencontre principalement dans les lois des Francs et des Anglo-Saxons,

____

(1) H. Klimrath. Histoire du droit public et privé de la France,
§§ 89 et s., éd. Warnkœnig, t. I, p. 271.

qui contiennent sur son organisation des renseigne-
ments précieux. Nous ne connaissons pas aussi exactement comment cette garantie était organisée dans
les coutumes des autres peuples de race germanique ;
cependant il y a tout lieu de supposer qu'elle était
réglée d'après les mêmes principes (1).

§ 1. — *Lois des Francs. Capitulaires de Childebert II
et de Clotaire II* (595).

A l'origine de la monarchie franque, la vengeance
privée, autorisée par la loi salique, était le seul
moyen d'obtenir la réparation d'un dommage causé
par autrui. Chaque citoyen étant armé, il était naturel
qu'il se servît de ses armes pour se faire justice à lui-
même. Le lien qui unissait les familles était si fort
que chacun se croyait obligé de soutenir la vengeance
particulière de son parent ; et Tacite a pu dire en dé-
crivant ces usages des peuples germains : *Suscipere
tam inimicitias seu patris, seu propinqui, quam amici-
tias necesse est* (2). La famille de l'offensé prenait son
fait et cause contre la famille de l'offenseur, et la
querelle se tranchait par la lutte entre les deux familles (3).

Grâce surtout à l'influence de l'Église, l'usage du
Wehrgeld (argent de la défense) ou composition pécuniaire vint adoucir ces mœurs barbares. Pour prévenir
les suites funestes des guerres entre familles, on ima-

(1) La loi des Visigoths abolit la garantie mutuelle. « Omnia
« crimina suos sequantur auctores. Nec vicinus pro vicino ullam
« calumniam pertineat. » (VI-1,§ 8.)—Les origines de cette garantie
mutuelle se rencontrent dans les traditions de la *Ghilde* germanique, qui prit naissance dans l'ancienne Scandinavie. (Augustin
Thierry. Considérations sur l'histoire de France, ch. VI.)

(2) Tacite. *De moribus Germanorum*, ch. 21.

(3) Loi salique, LXI-LXV.

gina de fixer la satisfaction que le délinquant devait
au lésé, non comme une peine due pour son délit,
mais comme une réparation du préjudice causé. Ce
n'était pas la société entière qui assurait la poursuite
des crimes et l'application des peines. Elle abandon-
nait la vengeance à l'offensé et à sa famille ; seulement elle garantissait le délinquant des effets de cette
vengeance s'il payait la composition fixée par la loi.
En recevant ce paiement, l'offensé et sa famille étaient
censés renoncer à leur droit de vengeance et devaient
dès lors se tenir pour satisfaits.

Au *wehrgeld* se joignait, dans un certain nombre de
cas, ce que les lois franques appellent *fredum* (frieden,
paix). Le *fredum* était une sorte d'amende que le délinquant payait au roi ou au juge en réparation de la
violation de la paix publique (1).

Le taux de ces compositions était réglé d'après un
tarif et variait suivant la nature et les circonstances
du délit, la qualité de la personne lésée, l'utilité du
membre blessé, la gravité de la lésion, la valeur de la
chose ravie. Ainsi pour le meurtre d'un Franc la composition était plus forte que pour celui d'un Gallo-
Romain ; les voies de fait contre un ecclésiastique
étaient plus sévèrement punies que celles qui étaient
pratiquées contre un laïque ; l'attentat à la pudeur
s'échelonnait depuis le simple attouchement de la
main ou du sein d'une femme jusqu'au viol ; dans une
blessure à la main, l'amende variait suivant qu'il
s'agissait du pouce ou de l'annulaire, de la première ou
de la seconde phalange (2). La loi salique entre à ce

(1) Guizot. Hist. de la civilisation en France, t. I, 9ᵉ leçon.
(2) Argou. Institution au droit français, t. I, p. 27 et s.,
éd. 1771.

sujet dans les plus minutieux détails. En l'absence de toute généralisation pouvant ramener les délits à des caractères simples et communs, elle dut, pour établir le tarif des compositions prévoir dans leurs moindres nuances les innombrables variétés du méfait pénal (1).

Le même principe de solidarité, qui existait entre les membres de chaque famille pour l'exercice du droit de vengeance, devait nécessairement se continuer pour le paiement du *wehrgeld*. La famille du délinquant était garante du paiement intégral de la composition, laquelle était répartie entre les membres de la famille du lésé : *Recipit satisfactionem universa domus* (2).

Ainsi une famille était responsable des actes de chacun de ses membres. Mais ceux à qui cette responsabilité paraissait onéreuse ou injuste, pouvaient à l'avance s'y soustraire par un acte symbolique appelé *chrenecruda*. Le Franc qui voulait rompre avec ses parents, leur devenir légalement étranger, se rendait devant le magistrat; là il prenait quatre bâtons d'aune ou de peuplier qu'il brisait sur sa tête et dont il jetait les morceaux à terre, déclarant qu'il entendait se retirer de toute communauté d'intérêts et d'affaires avec tels parents qu'il nommait. Cette cérémonie accomplie, il avait perdu toute espèce de droit à l'héri-

______

(1) Le tarif du *Wehrgeld* présente parfois une énumération d'une grossièreté révoltante qui peint les mœurs des Barbares dans leur triste réalité. Ainsi on lit dans la loi salique : « Si quelqu'un frappe un autre à la tête et que les os sortent, il paiera trente sous ; si le cerveau paraît et que trois os sortent, il paiera quarante sous ; pour chaque coup de bâton ou de poing, trois sous. » — M. Guizot, dans ses *Essais sur l'histoire de France* (IV, chp. II, § 2), donne un curieux tableau de ce tarif.

(2) Tacite. *De moribus Germanorum*, ch. 22. — Loi salique, LXI

tage de ces mêmes parents, mais il était dispensé aussi de concourir à l'acquittement des compositions auxquelles ils pouvaient être condamnés (1).

Cependant le *wehrgeld* dû à la victime et à sa famille, et le *fredum* dû au souverain qui garantissait la paix publique, furent jugés insuffisants pour prévevir les délits qui troublaient l'ordre établi, et dont la suite était encore plus funeste pour la tranquillité intérieure du pays (2).

Le roi Childebert II, dans un capitulaire de 595 (3), désirant mettre fin aux luttes intestines auxquelles donnait lieu l'exercice de la vengeance privée, édicta la peine de mort contre le meurtre, abolit la garantie mutuelle des familles et déclara que le coupable subirait seul désormais la peine de son crime. Mais le défaut de pouvoir l'empêcha de mettre à exécution les mesures sévères qu'il avait édictées pour faire cesser un usage, contre lequel les effets de la royauté restèrent longtemps impuissants (4).

Enfin, dans la même année, un capitulaire de Clotaire II, ayant pour objet la répression des délits, divise les populations par *centénies* afin de rendre plus facile la poursuite des malfaiteurs. Il impose aux habitants de chaque centenie l'obligation de faire des rondes, de rechercher les voleurs, et les rend respon-

(1) Loi salique, LXIII. — Cours de M. de Valroger, 1871-72, 33e leçon. Droit criminel de la monarchie franque.

(2) Klimrath, ch. 8, p. 433 et s.

(3) Baluze. Capitulaires des rois francs, t. I, p. 18.

(4) C'est probablement par une disposition semblable qu'on peut expliquer ce passage de la loi des Bourguignons : « Ut interfecti « parentes nullum, nisi homicidam persequendum esse cognos- « cant; quia sicut criminosum jubemus extingui, ita nihil moles- « tiæ sustinere patimur innocentem. »(tit. II, § 7). — Pardessus. Loi salique, 12e dissert., p. 662.

sables des vols et rapines commis sur leur territoire. Si quelque objet est dérobé, la valeur doit en être payée par tous les habitants de la centénie, qui d'ailleurs sont admis à prouver que le délit du coupable n'est pas de leur faute (1).

Clotaire semble avoir ainsi consacré législativement, en l'appliquant aux habitants d'une même circonscription administrative, cet antique usage des peuples de la Germanie qui rendait les membres d'une même famille garants des faits les uns des autres (2).

§ 2. — Lois des Anglo-Saxons.

Comme chez tous les peuples de race germanique, la vengeance privée, le paiement des compositions et la solidarité entre les membres d'une même famille étaient chez les Anglo-Saxons, les seules sauvegardes établies pour la protection des personnes et des propriétés. Mais les Anglo-Saxons ne tardèrent pas à reconnaître l'insuffisance et le danger de ces coutumes qui perpétuaient les luttes intestines et troublaient la paix publique, qu'elles avaient pour but de protéger.

Ils cherchèrent donc des moyens plus efficaces pour assurer la sécurité intérieure et la répression des crimes. Ils imaginèrent de réunir les hommes libres en petites communautés ou décanies, lesquelles par leur réunion en formèrent de plus grandes appelées centénies, et d'établir entre les membres de ces communautés une garantie mutuelle.

(1) Baluze. Cap. des rois francs, t. I, p. 19 (art. 1).
(2) Montesquieu. Esprit des lois, LXXX, ch. 17. — Meyer. Esprit, origine et progrès des institutions judiciaires des principaux pays pays d'Europe, t. I, liv. I, ch. 8.

La loi anglo-saxonne ne connaissait que les hommes libres, qu'elle obligeait à faire partie d'une décanie. Elle les rendit responsables des peines que pouvaient encourir les personnes placées sous leur puissance. Maîtres de leur famille et de leurs esclaves, ayant sur eux l'autorité nécessaire pour les surveiller et les contenir, ils en étaient les garants naturels et en répondaient envers la communauté dont ils faisaient partie (1).

Les hommes libres d'une même décanie étaient en outre solidairement responsables des délits individuels de chacun d'eux et du paiement des compositions. Par ce moyen, ils avaient intérêt à prévenir le délit et à livrer le coupable. Si celui-ci parvenait à se soustraire aux recherches, ils étaient tenus de payer pour lui, ou de prouver que le délit et la fuite du coupable n'étaient pas de leur faute.

On admettait difficilement l'excuse de la communauté. Pour la faire recevoir, le chef et deux hommes de la communauté, ainsi que les chefs des trois communautés voisines, assistés chacun de deux de ses hommes, comme intéressés probables et pouvant connaître le fait de plus près, devaient affirmer l'innocence de la communauté sous serment (2).

Les étrangers n'étaient pas compris dans la garantie mutuelle, et ne pouvaient jouir des avantages qu'elle offrait aux citoyens. Si un citoyen donnait l'hospitalité à un étranger, s'il lui accordait sa protection, il devenait en même temps responsable envers sa com-

(1) Lois anglo-saxonnes de Canut, ch. 28. « Et quilibet dominus « famulos suos in propria fidejussione habeat, et si quis eum ali- « cujus rei accuset, respondeat in ea centena ad id cujus accusa- « tus est. »

(2) Lois anglo-saxonnes d'Edouard, ch. 20.

Choppard.   5

munauté des délits que cet étranger pouvait commettre (1). C'est peut-être par une conséquence de cette loi que celui qui avait reçu l'étranger lui indiquait le chemin et l'accompagnait jusqu'à ce qu'il l'eût remis à un nouveau gîte, afin de l'empêcher de commettre un délit pendant le temps de sa responsabilité.

Cette obligation imposée aux citoyens de répondre des étrangers qu'ils recevaient chez eux ne pouvait manquer de rendre les habitants moins hospitaliers. Il fallut une protection spéciale pour mettre les voyageurs à couvert; et du moment qu'on commença à reconnaître l'utilité des relations entre les différents peuples, les étrangers furent placés sous le patronage de la société entière ou du roi qui la représentait. C'est pourquoi, dans les lois anglo-saxonnes, le roi y est désigné comme le patron des étrangers, *rex alienigenarum patronus* (2).

(1) Lois d'Edouard, ch. 27.

(2) Lois de Canut, ch. 37. — Meyer. Esprit, origine et progrès des institutions judiciaires des principaux pays d'Europe (t. I, ch. 8, p. 135).

CHAPITRE II.

—

Époque féodale.

—

RESPONSABILITÉ DES CANTONS, VILLAGES, COMMUNAUTÉS.

L'incapacité et la faiblesse des successeurs de Charlemagne amenèrent le démembrement de son empire et favorisèrent l'établissement en France du régime féodal qui occupe la plus grande partie du moyen âge. Les lois barbares devenues insuffisantes sont tombées en désuétude ; le pays n'est plus régi que par des traditions et des coutumes; l'autorité royale est effacée ; chaque seigneur devient un souverain dans sa seigneurie, souvent plus puissant que le roi lui-même.

Il nous est resté peu de monuments écrits sur la législation de ces temps d'anarchie. Cependant quelques seigneurs féodaux s'occupèrent d'organiser l'administration et la justice dans l'étendue de leurs domaines et furent ainsi conduits à se faire législateurs. Plusieurs de leurs lois nous ont été conservées. Nous signalerons notamment les lois que Guillaume le Conquérant, duc de Normandie, imposa aux Anglo-Saxons après la conquête de l'île de Bretagne, et les statuts et ordonnances des comtes de Provence.

Ces monuments législatifs du moyen âge méritent spécialement d'arrêter notre attention parce qu'ils renferment des applications curieuses du principe de responsabilité collective dont nous nous occupons.

§ 1. — *Lois Anglo-normandes de Guillaume le Conquérant (1086).*

On sait dans quelles circonstances le duc de Normandie entreprit la conquête de l'Angleterre (1066). Après la bataille d'Hastings où périt son compétiteur, Guillaume, resté le maître du pays, le divisa en un grand nombre de fiefs destinés à récompenser ses compagnons d'armes. Plusieurs révoltes furent tentées par les Anglo-Saxons pour recouvrer leur indépendance. Mais une répression énergique les eut bientôt étouffées. Réfugiés dans les forêts, les vaincus n'en sortaient plus qu'en bandes armées pour inquiéter les envahisseurs, piller leurs convois, et venger par l'assassinat la perte de leur territoire et la mort de leurs compatriotes.

Les Normands durent prendre les précautions nécessaires pour assurer leur conquête et faire respecter leurs personnes et leurs biens. La langue et les lois normandes furent imposées aux vaincus, leurs armes leur furent enlevées, la chasse leur fut défendue sous les peines les plus sévères, et ils durent subir la loi du couvre-feu.

Ces rigueurs ne parurent pas encore suffisantes. En 1086, il y eut à Salisbury une assemblée générale où vinrent les hauts seigneurs du royaume à la tête de leurs feudataires et de leurs hommes d'armes. Ils renouvelèrent successivement au roi Guillaume leur serment de foi et d'hommage, et ne se séparèrent qu'après avoir délibéré sur les mesures destinées à maintenir l'ordre établi par la conquête.

Ces délibérations aboutirent à une ordonnance qui

fut publiée par les hérauts du roi, au nom de l'assemblée de Salisbury.

Entre autres dispositions, cette ordonnance porte :

« Nous voulons que tous les hommes libres de ce royaume soient ligués et conjurés comme des frères d'armes pour le défendre, maintenir et garder selon leur pouvoir.

« Nous voulons que toutes les cités, bourgs, châteaux et cantons de ce royaume, soient gardés toutes les nuits, et qu'on y veille à tour de rôle contre les ennemis et les malfaiteurs.

« Nous voulons que tous les hommes amenés par nous d'Outre-Mer, ou qui sont venus après nous, soient par tout le royaume sous notre paix et protection spéciale ; que si l'un deux vient à être tué, son seigneur, dans l'espace de cinq jours, devra s'être saisi du meurtrier, sinon il nous paiera une amende conjointement avec les Anglais du district où le meurtre aura été commis. »

Ainsi, pour réprimer les crimes et délits sur le territoire d'un district ou d'un canton, la mesure, qui fut considérée comme la plus efficace par les seigneurs réunis à Salisbury, fut d'en rendre pécuniairement responsables le seigneur et les habitants de ce district ou de ce canton. Cette responsabilité collective, dont la loi anglaise a conservé certains vestiges (1), était alors justifiée par l'absence d'une police suffisamment organisée pour assurer la sécurité publique. Il était nécessaire d'intéresser directement au maintien

(1) Aujourd'hui en Angleterre les districts sont encore responsables de tous les vols qui se commettent sur leur territoire pendant le jour. V. Introd., p. 8. — Blackstone. Commentaire sur la loi anglaise, ch. I, tit. 2, p. 31.

de l'ordre, à la fois ceux qui avaient le pouvoir de le defendre, et ceux qui se montraient si disposés à le troubler. La crainte d'une amende rendit les uns plus vigilants, et les autres moins entreprenants. C'est par de semblables mesures que le pays conquis acheva de se pacifier et que la fusion s'opéra peu à peu au profit de l'élément envahisseur.

Vers la fin de l'année 1086 et avant de quitter l'Angleterre qu'il ne devait plus revoir, Guillaume rendit plusieurs lois destinées à prévenir les désordres pendant son séjour sur le continent. L'une d'elles, qui n'est que le complément de l'ordonnance de Salisbury, a pour but de réprimer les assassinats commis contre les Normands ou leurs auxiliaires : « Quand un Français, dit cette loi, sera tué ou trouvé mort dans quelque canton, les habitants du canton devront saisir et amener le meurtrier dans le délai de huit jours ; sinon ils paieront à frais communs quarante-sept marcs d'argent (1). »

Un écrivain anglo-normand du xiie siècle explique de la manière suivante les motifs qui ont dicté cette loi : « Dans les premiers temps du nouvel ordre de choses, ceux des Anglais qu'on laissa vivre, dressaient une foule d'embûches aux Normands, massacraient tous ceux qu'ils rencontraient seuls dans les lieux déserts ou écartés. Pour réprimer ces assassinats, le roi Guillaume et ses barons employèrent contre les subjugués les supplices et les tortures. Mais les châtiments produisant peu d'effet, on décréta que tout district, ou comme on dit en anglais, tout *hundred*, dans

____

(1) « Ki Franceis occist e les hommes del humbred nel préngent at menent à la justice dedenz les VIII jurs, pour mustrer « kil ait fait ; si renderunt le murdre XLVII mars. »

lequel un Normand serait trouvé mort, sans que personne y fût soupçonné d'avoir commis l'assassinat, paierait néanmoins au trésor royal une forte somme d'argent. La crainte salutaire de cette punition, infligée à tous les habitants en masse, devait procurer sûreté aux passants, en excitant les hommes du lieu à dénoncer et à livrer le coupable dont la faute seule causait une perte énorme à tout le voisinage.»

Toutefois les Anglo-Saxons crurent pouvoir éluder la loi et échapper à la responsabilité qu'elle leur imposait en ayant soin, lorsqu'un Normand était tué, de détruire promptement tous les signes extérieurs capables d'établir l'identité du cadavre. Mais cette ruse fut déjouée par l'établissement d'une procédure assez singulière : tout homme trouvé assassiné fut considéré comme Normand, et le canton, sur le territoire duquel le crime avait été commis, fut tenu de livrer le meurtrier ou de payer l'amende, à moins qu'il prouvât judiciairement que l'individu tué était Anglo-Saxon de naissance. Cette preuve devait se faire devant le juge royal par serment de deux hommes et de deux femmes, les plus proches parents du mort. Sans ces quatre témoignages, la qualité d'Anglais, l'*anglaiserie*, comme disaient les Normands, n'était pas suffisamment démontrée, et le canton était tenu de payer l'amende s'il ne livrait pas le coupable (1).

Près de trois siècles après l'invasion des Normands, cette enquête, que dans le langage du temps on appelait *démonstration d'anglaiserie*, se faisait encore en Angleterre sur le cadavre de tout homme assassiné.

La loi de Guillaume le Conquérant resta en vigueur

(1) Le Fleta, ou commentaire du droit anglais, liv. I, ch. 30.

en Angleterre jusqu'au jour où elle fut abrogée par un statut d'Edouard III en l'an 1341 (1).

§ 2. — *Statuts de Raymond Bérenger, comte de Provence. — Constitutiones Curiæ Aquensis (1243).*

A l'époque franque, les lois sont essentiellement personnelles. Mais, à mesure que la population se fixe et que la fusion s'opère entre ses divers éléments, les lois cessent d'être personnelles pour devenir territoriales, caractère qu'elles acquirent au plus haut degré sous le régime féodal. Il se produisit alors un phénomène que signale déjà l'édit de Pistes sous Charles le Chauve, en 864, et qui a duré jusqu'à la fin du xviiie siècle : c'est la division des provinces de la France en pays de coutumes et pays de droit écrit. Dans les provinces du Nord, éloignées de l'influence romaine et soumises plus directement aux effets de l'invasion, les lois barbares devinrent naturellement le droit commun, et lorsqu'elles tombèrent en désuétude comme droit écrit, elles furent remplacées par les coutumes si vivement empreintes de l'esprit germanique. Dans les provinces du Midi, où la domination romaine s'établit le plus tôt et se conserva le plus longtemps, où les lois romaines avaient jeté les racines les plus profondes, où les populations, transformées par l'établissement de nombreuses colonies, furent le moins mêlées de conquérants barbares, les institutions de Rome survécurent à la chute même de l'empire, le droit romain conserva toute son auto-

---

(1) Augustin Thierry. Histoire de la conquête de l'Angleterre, L. 6, t. I, p. 351 et s., 9e éd.

rité et forma en quelque sorte la coutume écrite de tout le midi de la France. Mais les coutumes locales et la jurisprudence des parlements apportèrent quelques modifications à cette coutume générale.

Parmi les pays de droit écrit, il en est un qui, par la priorité de la conquête romaine, par le voisinage de l'Italie et l'ancienneté des colonies latines, semblait voué plus particulièrement à l'unité du droit romain: c'est la Provence.

Cependant la législation de ce pays présente au moyen âge tous les caractères d'un droit mixte. Les Lois romaines et les *libri feudorum* constituaient le droit commun ; mais il y était dérogé sur une foule de points par les usages locaux, les chartes municipales des villes, les statuts et ordonnances des comtes de Provence et de Forcalquier.

On cite notamment les statuts de Raymond Bérenger qui fut comte de Provence vers l'année 1243. A cette époque d'anarchie, l'obstacle à la justice était partout; et les mesures les plus sévères durent être employées pour maintenir la tranquillité intérieure. Le comte Raymond Bérenger s'appliqua surtout à organiser l'administration et à assurer la paix publique. Pour rendre son autorité plus efficace, il détermina les règles de l'administration de la justice dans les statuts de la Cour d'Aix (1).

Le statut le plus remarquable à cet égard est celui qui établit la responsabilité collective des cités, villa-

(1) Ces statuts portent pour titre : « Ad observationem juris et « justitiæ has constitutiones D. Raymundus Berengarii fecit in « curia aquensi. » On les trouve dans le recueil de M. Giraud à la suite de l'*Essai sur l'histoire du droit français au moyen âge*, II, p. 16

ges et communautés, pour les dommages causés par des crimes publics ou secrets aux propriétés mobilières ou immobilières. Il est ainsi conçu : « S'il arrive dans quelque partie du territoire de la baillie d'Aix, qu'un dommage soit causé à quelqu'un par incendie, dévastation d'arbres et de vignes, destruction publique ou cachée d'animaux et de bestiaux, que tout lieu, village et communauté où le dommage est commis, soit tenu d'en répondre et de restituer à proportion de ses facultés et sans aucune distinction de personnes, à celui qui a souffert le dommage, la valeur de toute la perte éprouvée, d'après la juste estimation faite par experts. Tous les habitants dudit lieu contribueront à la réparation du dommage, si les coupables ne peuvent être découverts. La Cour du lieu ou du territoire, dans lequel le dommage a été causé, pourra d'office en rechercher les auteurs à fin de poursuite en justice » (1).

Dans ce statut, le principe de la responsabilité collective, bien qu'appliqué aux délits de droit commun, reçoit une organisation plus juridique que dans les législations dont nous avons précédemment parlé. Dans celles-ci, en effet, cette responsabilité est grossièrement organisée ; c'est plutôt une sorte de garantie mutuelle, de solidarité, qui pèse sur les parents ou les concitoyens du délinquant. Le statut de Raymond Bérenger au contraire impose la responsabilité du dommage au village, à la cité personnifiée, à la communauté, cette responsabilité devant naturellement se répartir entre les membres de la communauté ;

---

(1) Pour le texte latin, V. M. Giraud, loc. cit., II, p. 24 : *de emendandis damnis furtivè datis*.

utons en outre que la communauté n'est responsa-
e que dans la limite de ses facultés, et que le montant
la réparation du dommage déterminé par experts
varie pas suivant la qualité de la personne lésée,
mme cela avait lieu dans les lois franques.

CHAPITRE III.

—

Epoque monarchique.

—

RESPONSABILITÉ DES VILLAGES, PAROISSES, BOURGS,
VILLES ET COMMUNAUTÉS D'HABITANTS.

A dater du xiiie siècle commença contre la féodalité une lutte achevée victorieusement sous Richelieu, et dont le résultat fut d'affermir l'autorité royale en lui attribuant un pouvoir central fort et indépendant. La diversité dans les institutions politiques et législatives avait formé le caractère essentiel du régime féodal ; l'unité dans les lois et dans l'organisation administrative devint désormais le but vers lequel tendirent tous les efforts de la royauté.

L'étude des lois romaines et les travaux des légistes favorisa le mouvement général vers l'établissement d'un droit uniforme, dont la réalisation apparaît pour la première fois dans les grandes ordonnances royales. A cette époque, la législation, grâce surtout à l'influence du droit romain, se pénètre de plus en plus de principes juridiques et s'affranchit des règles arbitraires que renfermaient les législations antérieures.

Ce progrès se manifeste pour la responsabilité des cités qui, sauf certaines applications spéciales, se trouve désormais soumise à des règles précises et uniformes.

§ 1. — *Principes généraux. — Ordonnance d'Orléans de 1670.*

Bien qu'aucune communauté ne pût s'établir dans le royaume sans lettres patentes, les habitants de chaque ville, bourg, village, paroisse, considérés collectivement au point de vue de leurs intérêts communs, formaient une communauté, alors même qu'ils n'avaient point reçu de charte de commune. Comme les communes modernes, ces communautés d'habitants constituaient des personnes morales capables d'avoir des droits et des intérêts distincts de ceux de leurs membres, en un mot avaient une existence légale propre et individuelle (1). « Les communautés légitimement établies, dit Domat, tiennent lieu de personnes, et leur union, qui rend communs à tous ceux qui les composent leurs intérêts, leurs droits et leurs priviléges, fait qu'on les considère comme un seul tout. Et, comme chaque particulier exerce ses droits, traite de ses affaires et agit en justice, il en est de même des communautés» (2).

A une époque où la vie de la société était principalement une vie de corporations réclamant, exerçant leurs droits, leurs priviléges particuliers, avec une personnification beaucoup plus vive qu'aujourd'hui, rien ne sembla plus naturel que d'étendre cette personnification jusqu'à la responsabilité et même jusqu'à la pénalité. Les légistes justifiaient cette idée en

(1) Merlin. Répertoire de jurisprudence. V° Communauté d'habitants.
(2) Domat. Droit public, suite des Lois civiles, L. 1, l. 15, II, 2.

citant des textes de droit romain à l'appui (1), et,
malgré l'existence de cette maxime coutumière : « *Tous
délits sont personnels ; et en crime n'y a point de garant*» (2). Ils en tiraient d'autres conséquences, mais
non point celle de l'irresponsabilité pénale des êtres
collectifs et juridiques.

Un célèbre criminaliste de cette époque nous indique dans quels cas, une communauté d'habitants était
considérée comme coupable d'un délit. « Pour qu'une
ville ou communauté soit censée délinquer, il faut
que le délit soit précédé d'une assemblée ou délibération ; autrement, et si sans aucune assemblée ou délibération précédente, tous les habitants d'une ville
se jetaient sur quelqu'un et qu'ils le missent à mort,
quand même cela se serait fait au nom du tocsin, et
que les échevins, consuls, et autres administrateurs
de la ville ou communauté, se trouvassent au nombre des meurtriers, un pareil délit ne pourrait être
considéré comme un délit commis par la communauté,
mais par les particuliers qui la composaient.

« Néanmoins cette règle n'a lieu que pour les délits
momentanés, tels que l'homicide et autres semblables;
mais, quand il s'agit de délits successifs, comme la
guerre et la rébellion, alors si les habitants d'une
ville, bourg, ou autre communauté, se révoltent ou
font la guerre pendant plusieurs jours contre leur
souverain, cela forme un délit commis par la communauté, encore qu'il n'ait point été commis en conséquence d'une assemblée ou délibération précédente ;
ce qui a lieu, même dans le cas où la communauté

(1) L. 19, D., *ad municipalem*, 50-1. — L. 160, D., *de regulis juris*.
— L. 9, § 1, D., *quod metus causa*. — V. *supra*, p. 55.
(2) Loisel. Institutes coutumières, II, liv. VI, tit. I, n° 9.

n'aurait eu aucun intérêt à commettre ce délit, si d'ailleurs ceux qui pouvaient l'empêcher ne s'étaient point mis en devoir de le faire, et avaient donné lieu, par cette conduite, de penser qu'ils y ont donné leur approbation.

« Les communautés sont aussi censées délinquer dans la personne de leurs consuls, échevins et autres magistrats qui les gouvernent, lorsque ceux-ci, à l'occasion de leurs fonctions qu'ils exercent au nom de toute la communauté, commettent quelque délit, par exemple dans l'imposition de la taille, surtout si cela se fait de l'ordre ou du consentement des habitants » (1).

Ainsi les délits de droit commun commis par des habitants en vertu d'une délibération de leur communauté, les délits collectifs ayant un caractère insurrectionnel, les délits commis par les magistrats d'une communauté dans l'exercice de leurs fonctions, tous ces délits sont regardés comme imputables à la communauté et engagent sa responsabilité (2).

L'ordonnance criminelle de 1670 (tit. 21) a déterminé les règles à suivre pour faire le procès aux communautés reconnues responsables d'un délit. Le juge, sur la plainte du procureur du roi contre la communauté, permet d'informer, et, sur l'information et les conclusions du procureur du roi, rend une ordonnance qui porte que la communauté sera assignée pour ré-

(1) Jousse. Traité de la justice criminelle en France, II, 3e p., liv. II, tit. 29. — Comp. Domat. Droit public, suite des Lois civiles, suppl., liv. III, tit. 13.

(2) La communauté était également responsable des délits de ses préposés et domestiques. Ainsi l'édit d'août 1669 sur les eaux et forèts déclare les communautés usagères responsables des délits forestiers commis par leurs pâtres et gardes (art. 8 et 9).

pondre sur les faits de la plainte, dans le délai de l'ordonnance, par un syndic ou député à qui elle doit donner une procuration par devant notaire qui contienne ce qu'il doit répondre. Ce syndic se présente, en conséquence, pour subir un interrogatoire pour la communauté, en faisant au préalable apparoir de ses pouvoirs. Toutes les assignations qui sont depuis données dans le cours de l'instruction, sont données au syndic ; c'est lui qui subit pour la communauté tous les interrogatoires que le magistrat juge à propos de faire subir ; c'est à lui que se font les confrontations des témoins ; c'est lui qui subit l'interrogatoire lors de la visitation du procès, et il le subit debout, nu-tête, et derrière le barreau (1).

Le syndic figure dans tous les actes du procès : toutefois dans le dispositif du jugement, ce n'est point le syndic, mais la communauté qui est nommée, et contre qui la condamnation est prononcée.

Les condamnations, susceptibles d'être prononcées contre une communauté d'habitants, étaient surtout pécuniaires. Elles consistaient notamment en amendes envers le roi et en réparations civiles, dommages-intérêts envers la partie victime du délit pour lequel la communauté était condamnée. Ces amendes et ces dommages-intérêts se prenaient sur les biens de la communauté, et, en cas d'insuffisance, ils se levaient sous forme de taxe sur ses habitants qui n'en étaient tenus que par tête et sans solidarité. Outre ces peines pécuniaires, la communauté, suivant la gravité du délit, pouvait encore être privée de ses priviléges ou

(1) Pothier. Traité de la procédure criminelle, sect. VI, art. II, § 2.

frappée de quelque autre punition marquant publiquement le châtiment encouru (1).

Le procès fait à la communauté n'empêchait pas de poursuivre individuellement les principaux auteurs du délit et leurs complices. Mais, s'il intervenait contre eux quelque condamnation pécuniaire, ils n'étaient point tenus de supporter leur part dans celles qui étaient prononcées contre la communauté. La raison en est, dit Pothier, qu'on ne peut être puni deux fois pour le même crime.

§ 2. — *Applications spéciales de la responsabilité des communautés d'habitants.*

Les dispositions législatives qui, à l'époque monarchique, appliquent aux communautés d'habitants le principe de la responsabilité, visent plus spécialement les délits ayant un caractère collectif et insurrectionnel, tels que les émotions populaires, les attroupements illicites (2), les rébellions à justice, la désobéissance aux ordres du roi, les mauvais traitements faits aux personnes préposées pour les deniers royaux. « Tous ces cas, dit de Fréminville, sont des crimes de lèse-majesté au second chef. Les maires, syndics, échevins, consuls et capitouls doivent donc avoir des

(1) Domat. Droit public, suite des Lois civiles, suppl., liv. 3, tit. 13. — Denisart. V° Communauté d'habitants, n° 46.

(2) L'ordonnance du 19 mai 1726 contre les attroupements illicites ordonne de poursuivre comme perturbateurs du repos public, pillards et concussionnaires, ceux qui, étant tombés au sort pour servir à la milice, s'attroupent armés de fusils, de bâtons ou autres armes, courent le pays, entrent par force dans les maisons des habitants, dont ils exigent, par menace et violence, des contributions en argent et en denrées, sous prétexte du service qu'ils doivent rendre pour leur communauté.

Choppard.   6

attentions singulières pour que les habitants de leurs communautés ne tombent dans ces excès par la grossièreté d'aucuns particuliers sans éducation qui peuvent quelquefois en entraîner d'autres, parce que ces excès, étant extrêmes, causent des maux infinis à la communauté des habitants et dont les officiers municipaux qui sont à leur tête sont toujours blâmés, quoiqu'ils n'y aient point de part, ce qui doit les engager à contenir le peuple de leurs communautés en les mettant dans l'obéissance qu'ils doivent aux lois et ordonnances» (1).

Ces désordres étaient toujours suivis d'une répression sévère. Les principaux auteurs étaient habituellement punis de mort, et comme pour laisser dans les populations une impression plus profonde, on infligeait à la communauté, qui avait participé à ces désordres, un châtiment public d'un caractère symbolique : les murailles de la ville étaient détruites, ses tours et forteresses rasées, ses édifices démolis ; sur l'emplacement on faisait passer la charrue et on y semait du sel ; enfin, pour perpétuer le souvenir de ce châtiment et en signe d'humiliation, on élevait un monument en marbre ou en pierre sur lequel était écrite la condamnation encourue par la communauté.

Jousse cite un exemple curieux d'une condamnation de ce genre prononcée contre la ville de Bordeaux par arrêt du 26 octobre 1548, pour une révolte dans laquelle les habitants de cette ville avaient tué le gouverneur et lieutenant du roi et plusieurs autres officiers de la même ville, à l'occasion d'un droit de

______

(1) De Fréminville. Traité du gouvernement des biens et affaires des communautés d'habitants, p. 756.

gabelle dont les habitants voulaient empêcher l'établissement. Cet arrêt « prive la communauté, corps et université de la ville de Bordeaux, de tous priviléges, maison de ville, jurande et conseil, et autres offices de ville, et bourse commune, lesquels droits, avec les cloches et artillerie, furent adjugés au roi ; et ordonne que tous les titres concernant les priviléges, droits et libertés de cette ville, seraient brûlés en présence des Jurats ; que la maison de ville serait rasée et démolie, et que les habitants feraient à leurs dépens les fortifications et envitaillement des châteaux Trompette et du Hâ, et renouvelleront tous les dix ans ledit envitaillement ; que le corps du sieur de Morneins, gouverneur et lieutenant du roi, serait enlevé de l'église des Carmes par les Jurats, et cent vingt élus par le conseil de ville, ayant chacun une robe de deuil, tête nue et une torche du poids de deux livres à la main où seraient attachées les armoiries du défunt, qui ensuite en passant devant la porte de M. le duc de Montmorency, lieutenant-général pour le roi en ladite province, se mettraient à genoux et demanderaient pardon à Dieu, au Roi et à la Justice, et crieraient : *Miséricorde* (1). » Par ce même arrêt plusieurs habitants de la ville de Bordeaux, reconnus comme les instigateurs de la révolte, furent condamnés à mort, les uns tirés à quatre chevaux, les autres rompus sur la roue, et les autres pendus (2).

---

(1) Jousse. Traité de la justice criminelle en France, II, p. 710.

(2) Un arrêt semblable fut rendu contre la ville de Montpellier par le duc d'Anjou en 1579. — Enfin, Pasquier, dans ses *Recherches de la France* (liv. 3, ch. 16), cite un exemple d'une condamnation du même genre prononcée contre la Sorbonne par arrêt du 4 déc. 1561. Cet arrêt la condamne à faire amende honorable, au

Il nous reste maintenant à parler de quelques dispositions législatives intervenues, les unes à l'occasion de troubles dans les provinces, les autres pour réagir contre les excès auxquels donnaient lieu certains usages des populations rurales. Pour prévenir le retour de ces troubles et de ces excès, les seigneurs justiciers, les habitants des villes, bourgs, paroisses et communautés, furent rendus responsables des crimes et désordres commis sur leur territoire.

Ne pouvant embrasser dans leur ensemble ces dispositions intervenues pour régler des situations absolument différentes, nous les étudierons séparément ; mais nous verrons dans toutes une même tendance à rendre responsables des troubles ceux qui ont le pouvoir de les empêcher, et à intéresser directement les populations au maintien de la paix publique.

1º Ordonnances et Déclarations.

Avant l'ordonnance criminelle d'Orléans, l'ordonnance de Blois de 1579 (art. 196) avait déjà rendu les seigneurs justiciers et les habitants des villages responsables des crimes et délits de droit commun qui se commettaient dans les campagnes. « Afin d'empêcher la fréquence des meurtres et voleries qui se commettent par les champs avec toute impunité, nous enjoi-

---

sujet de quelques propositions dangereuses qu'elle avait laissé soutenir à l'un de ses bacheliers. Il fut ordonné que pour faire amende honorable, le bedeau de la Sorbonne, habillé d'une chape rouge, déclarerait à l'audience, en présence des principaux de la Faculté que ces propositions avaient été témérairement soutenues. L'imprudent candidat avait osé soutenir notamment que le Pape avait le droit de priver le roi de son royaume.

gnons, porte cette ordonnance, à tous hauts justiciers
et leurs officiers des lieux où tels excès se commettront,
ensemble aux habitants des plus prochains villages,
de poursuivre en toute diligence, incontinent qu'ils
auront connaissance des malfaiteurs, pour les appré-
hender et constituer prisonniers, si faire se peut.
Sinon, faire diligence, perquisition et remarque de la
façon de leurs habits, armes et chevaux, et du lieu de
leur retraite, dont sera fait procès-verbal. Le tout sur
peine ausdits hauts justiciers de perdre les droits de
leur justice, et à leurs officiers de leurs estats, et aux
habitants des dits villages de grosses amendes, applicables moitié à nous, et moitié aux excédez ou leurs
héritiers. »

Cette mesure, que nous ne rencontrerons plus dans
la suite, s'explique à une époque où la police des
campagnes était confiée aux justices seigneuriales,
dont les titulaires étaient moins occupés à réprimer
les délits commis dans leur ressort qu'à percevoir
soigneusement les profits attachés à leur titre.

— Une déclaration du roi du 8 janvier 1640 ordonne
que les gentilshommes dans leurs terres, les magistrats et officiers du roi, seront responsables des soulè-
vements et seront considérés comme complices.
Elle fut publiée à l'occasion d'une révolte qui éclata
dans la Basse-Normandie sans être réprimée par les
magistrats, et dans laquelle le peuple pilla les bureaux
de recette des finances. « Jugeant, dit cette déclaration, que toutes ces rébellions ne seraient pas venues
au point où on les a vues dans ladite province, sans
la connivence ou la faiblesse de ceux qui ont autorité
et le pouvoir de les empêcher, qui ne s'y sont pas op-
posés avec la rigueur et le courage que requérait notre

service, et qu'ils étaient obligés de faire ayant notre autorité, nous avons estimé qu'il n'y avait point de moyen plus assuré pour retenir nos sujets dans la légitime obéissance qu'ils nous doivent et les détourner de se porter à l'avenir dans la rébellion, que de rendre les magistrats, officiers et ceux qui ont charge dans les villes, responsables des émotions qui y surviendront, s'ils ne justifient avoir apporté le soin et la vigilance qu'ils doivent en leurs charges pour les réprimer ; et pour les campagnes, d'obliger les gentilshommes, chacun en l'étendue de leurs terres, de contenir nos sujets dans l'obéissance et les empêcher de faire aucunes assemblées contre notre service ; ce qui leur est aisé, vu le pouvoir qu'ils prennent ordinairement sur leurs tenanciers, auxquels ils font bien exécuter leurs volontés lorsqu'il s'agit de leur intérêt particulier» (1).

Enfin, une déclaration du 3 janvier 1775 décrète l'abolition des contraintes solidaires contre les principaux habitants des paroisses taillables pour le paiement des impositions royales, excepté dans les cas de rébellion. Ainsi les receveurs des tailles restaient autorisés à décerner des contraintes solidaires contre les principaux habitants des paroisses qui feraient acte de rébellion lors de la perception des impôts.

2° *Règlement du Parlement de Bretagne du 10 décembre*
1736.

En Bretagne, en vertu de la maxime *nulle terre sans seigneur*, les seigneurs de fiefs étaient réputés proprié-

---

(1) On cite encore, comme contenant des dispositions analogues, un édit de 1697. Malgré toutes nos recherches, nous n'avons pu trouver cet édit dans les recueils.

taires des terrains vagues et déclos qui joignaient leurs domaines et leurs fiefs. Mais les habitants riverains, qui étaient en possession immémoriale d'y faire paître leurs bestiaux, prétendaient aussi être propriétaires de ces terres en vertu d'un droit antérieur aux fiefs. Quand les seigneurs ou leurs afféagistes faisaient clore ces terres, les habitants croyaient n'user que de leur droit en détruisant les fossés et clôtures.

Le Parlement de Bretagne, dans un premier règlement du 1er décembre 1724, ordonna que les auteurs de ces entreprises seraient poursuivis à l'extraordinaire, c'est-à-dire criminellement, et punis suivant l'exigence des cas. Mais cette mesure resta sans effet, parce que les habitants, intéressés à se maintenir dans la possession de leur prétendu droit de propriété ou d'usage des terrains vagues, ne déposaient jamais les uns contre les autres.

Le Parlement eut alors recours à une mesure plus efficace. Dans un règlement du 10 décembre 1736, il établit contre les habitants des villages voisins une présomption légale de culpabilité, en vertu de laquelle il les rendit solidairement responsables des dommages causés aux seigneurs ou à leurs afféagistes, faute par eux de dénoncer les coupables.

Dans ce règlement, le Parlement fait : « défenses à toutes personnes, de quelque état et condition qu'elles soient, de démolir ou faire démolir les fossés qui seront faits pour clore tout ou partie des landes ou terrains vagues qui auront été ou seront ci-après afféagés, sous peine de punition corporelle.

« Ordonnons que le procès sera fait et parfait aux coupables jusqu'à jugement définitif inclusivement sur les dénonciations qui leur seront faites par les seigneurs ou afféagistes ; que les généraux des paroisses, ou au moins les habitants des villages voisins des landes, gallois ou terrains vagues, où les fossés auront été démolis ou les arbres coupés, demeureront civilement responsables, solidairement des dommages-intérêts résultant de la démolition des fossés ou abatis des bois, en cas qu'ils ne dénoncent pas les coupables, sans qu'il soit besoin d'autres preuves (1). »

3° *Du droit de marché.*

Dans une petite portion de la Picardie, connue sous le nom de Sangterre, et dans la partie de l'ancien comté de Vermandois qui avoisine Péronne, la propriété foncière se trouve entravée par un usage singulier qui, perpétué de génération en génération, a résisté à toutes les rigueurs exercées contre lui par l'ancien régime, et se maintient encore à notre époque sans souci du Code et malgré les efforts persévérants de la justice.

L'étude du droit de marché se rattache à notre sujet par les mesures rigoureuses édictées contre lui. L'ancien régime lui fit une guerre acharnée et employa pour le combattre les moyens les plus violents. Il alla même jusqu'à rendre les paroisses et les communautés d'habitants responsables des crimes et désordres occasionnés sur le territoire par l'exercice de ce droit.

Avant d'examiner ces mesures de répression, nous

(1) Journal des audiences et arrêts du Parlement de Bretagne, t. II, p. 256 et s. — Poullain-Duparc. Principes du droit français suivant les maximes de Bretagne, t. II, p. 383, n° 547.

devons faire connaître la nature, les origines et les abus du droit de marché.

Dans le Sangterre, le fermier se considère comme copropriétaire de la terre qu'il a pris à bail. Pourvu qu'il s'acquitte du fermage aux termes convenus, il ne tient aucun compte des clauses du contrat limitant la durée du bail ; il se regarde comme investi d'une jouissance indéfinie dans laquelle il est en droit de se perpétuer, et dont il peut disposer de la manière la plus absolue ; il transmet cette jouissance par héritage, il la donne en dot à ses enfants, il la cède à titre gratuit ou onéreux, sans que pour aucun de ces différents actes il songe même à consulter son propriétaire.

Si à l'expiration du bail, le propriétaire parle d'augmenter le fermage, le fermier ne voudra pas y consentir. S'il reçoit un congé en règle, ou s'il est condamné par justice à résilier le bail et à quitter les lieux loués, il obéira ; mais personne dans le pays ne se présentera pour lui succéder. Tous les autres fermiers ont pris d'avance parti pour le fermier congédié ; la solidarité est générale, l'accord unanime : nul n'y manque et la terre reste en friche.

Le propriétaire cherche-t-il à la vendre, il trouvera difficilement un acquéreur, même en obtenant au préalable du fermier et à prix d'argent le sacrifice de ses prétentions. Se détermine-t-il à cultiver lui-même ses terres ou parvient-il à grand'peine à trouver au loin un nouveau fermier, l'un ou l'autre doit se préparer à une vie de réprouvé. Les sentiments hostiles de la population, l'impossibilité d'obtenir au milieu d'elle le plus léger service, des résistances continuelles à combattre, des désagréments journaliers à essuyer, et enfin une ardeur de vengeance qui se traduit quelquefois par l'assassinat et très-souvent par l'incendie : tels sont les ennuis qui l'attendent, tels sont les dangers qui le menacent.

Dans ces conditions, le nouveau fermier, découragé et ruiné, ne tarde pas à abandonner la ferme ; le propriétaire, fatigué de lutter, et placé dans l'alternative de tout perdre ou de venir à composition, prend ce dernier parti et se résigne à subir la loi du fermier dépossédé, trop heureux de retrouver ainsi son repos et sa sécurité. Ne pouvant désormais ni changer de fermier, ni augmenter le fermage, ni modifier les conditions de la jouissance, réduit à percevoir aux époques déterminées par la coutume ou par le contrat une redevance dont la quotité reste invariable, il n'a plus sur son fonds qu'un simple droit de créance : on peut dire qu'il a aliéné sa propriété en échange d'une rente perpétuelle irrévocablement fixée (1).

Les origines de cet usage ne sont pas connues. Des explications ont été données, mais l'imagination y tient la plus grande place. Les partisans du droit de

(1) Ce régime n'était pas particulier à la Picardie. Il existait dans l'Artois, dans les Flandres, dans la Champagne, dans l'Ile de France. Il existe encore aujourd'hui dans le Hainaut, sous le nom de *Mauvais gré.* En Picardie il s'appelle *Droit de marché,* expression toute locale, qui a une signification complexe, et s'entend tantôt de la somme que le fermier prétend avoir payée à son entrée en jouissance, tantôt du droit qu'il a d'exiger la restitution de cette même somme lors de la résiliation du bail. Le droit de marché a laissé son nom au régime auquel il a donné naissance.

Le mot *dépointement* que l'on rencontre dans les divers documents relatifs au droit de marché, désigne l'action du propriétaire qui, à la fin du bail, reprend ses terres pour en jouir personnellement ou qui les donne à un nouveau fermier sans payer à l'ancien aucune indemnité.

marché, et il en a même en dehors des intéressés, le font dériver d'un contrat intervenu anciennement entre les propriétaires du sol et les fermiers, contrat dont le titre aurait disparu, mais qui, fidèlement conservé par la tradition et la commune renommée, ne remonterait pas moins loin qu'aux croisades. A cette époque, les seigneurs, ayant besoin d'argent pour se rendre en Palestine, auraient stipulé des avances de leurs tenanciers, en échange desquelles ils leur auraient concédé le droit de conserver à perpétuité les terres qu'ils tenaient à bail, et ce au même prix auquel ils les détenaient. C'est ce droit qui, perpétué d'âge en âge, et gardé intact par la foi publique, repose aujourd'hui dans les mains des fermiers.

Si les fermiers sont dans l'impossibilité de justifier de leurs droits par des titres que le temps, les révolutions et les guerres, ont détruits, la conscience publique, gardienne de leur propriété, doit leur venir en aide et repousser les iniques prétentions des bailleurs qui veulent rompre seuls un contrat synallagmatique. Lorsque les habitants d'une contrée vouent à la haine et au mépris public l'imprudent qui voudrait dépointer son fermier sans l'indemniser de son droit de marché, ils font acte de moralité et de probité ; s'ils mettent le propriétaire au ban du pays, s'ils lui interdisent en quelque sorte le feu et l'eau, ils ne font en cela que prêter secours à l'opprimé contre l'oppresser, en empêchant la spoliation du fermier dont la loi civile méconnaît injustement le droit (1).

Ainsi raisonnent les fermiers de Sangterre. Mais

(1) Note de M. Husson sur le droit de marché, insérée dans le *Traité du louage*, de Troplong, t. I, préf. XLV.

cette explication, qui s'élève chez eux à la hauteur d'un
dogme, et à laquelle chacun conforme sa conduite, est
contraire aux données historiques les plus certaines..
D'abord il est difficile d'admettre que les tenanciers,
si misérables à l'époque troublée des croisades, aient
pu faire à leurs seigneurs des avances de fonds.
En outre, l'ordre chronologique des faits montre
que telle n'est pas l'origine du droit de marché. En
effet, il résulte du préambule d'un édit du 25 mars
1724 qu'il s'est établi sur les biens de la bourgeoisie
des villes avant de frapper les terres des églises et
des seigneurs. Enfin, quelle que soit d'ailleurs son
exactitude historique, cette explication ne saurait
justifier l'emploi des procédés violents dirigés sourde-
ment contre les personnes et les propriétés, procédés
qui vont souvent jusqu'au crime.

L'explication la plus vraisemblable est certainement celle qui fut admise par l'autorité française
avant la Révolution, et qui dans le droit de marché
ne voit qu'un abus aussi injuste dans son principe
que violent dans ses manifestations. Le droit de marché n'est autre chose qu'une usurpation commise par
les fermiers sur les propriétaires, dans des temps cala-
miteux où les lois étaient impuissantes, et à la faveur
de longues guerres qui retenaient les uns enfermés
dans les villes, et laissaient le territoire à la merci
des autres. Ce sentiment fut encouragé, sanctionné par
l'opinion publique de la contrée, laquelle n'était que
la résultante de l'opinion de chacun des habitants,
d'autant plus unanimes dans leur intérêt et leurs con-
voitises qu'ils ne rencontraient aucune contradiction
de la part de leurs propriétaires absents (1).

(1) Préambule de l'édit du 4 novembre 1679.

Mais lorsque les causes qui avaient donné naissance au droit de marché eurent cessé, lorsque l'état anarchique du moyen âge eut fait place à l'organisation fortement constituée de l'époque monarchique, les propriétaires du Sangterre voulurent reprendre le libre exercice de leurs droits. Ils rencontrèrent une résistance énergique de la part de leurs fermiers. Ceux-ci, n'ayant aucun titre pour justifier leurs prétentions et ne pouvant par suite les faire prévaloir en justice, eurent recours à la violence, et formèrent entre eux comme une association secrète, en vue de défendre leurs intérêts mutuels contre les revendications des propriétaires.

Il appartenait au pouvoir royal d'intervenir dans la lutte pour protéger le droit contre la violence, faire triompher la justice, et ramener la paix dans ces contrées troublées. Il attaqua le droit de marché avec résolution et châtia ses excès avec la dernière rigueur.

Son premier acte fut un édit du 4 novembre 1679. Le préambule de cet édit signale les origines et les iniquités du droit de marché :

« Les fermiers, dit-il, ont imaginé qu'on n'est pas en droit de les déposséder; ils se sont accoutumés à jouir des terres comme de leur propre bien, suivant une ancienne tradition et une espèce de convention, qu'ils ont eu la témérité de faire entre eux, de se maintenir réciproquement dans l'indue possession des biens qu'ils avaient à ferme, sans qu'aucun pût prendre le bail de l'autre et le déposséder dans sa jouissance, et de considérer ceux qui contreviendraient à cette prétendue loi comme méritant la mort.

« Ils menacent d'incendie et d'assassinat les propriétaires et ceux qui osent se présenter pour passer

de nouveaux baux ; l'exécution suit de près la me-.
nace. Les arbres mutilés, les récoltes volées, les charrues brûlées, les chevaux tués, les domestiques mal-
traités, sont les moindres violences. L'incendie des
bâtiments et des récoltes, l'assassinat, sont fréquents
et impunis. Ces crimes se commettent la nuit par des
gens masqués, et le secret est rigoureusement gardé.
Il y a entre les fermiers et leurs adhérents un concert
qui rend la justice impuissante à recueillir les preuves
de culpabilité. Personne n'ose se porter partie civile
par crainte de semblables vengeances. Les seigneurs,
qui ont la justice, ménagent les frais de recherches et
poursuites qu'ils savent inutiles. Ces désordres se
perpétuent par l'impunité. »

Pour mettre fin à ces désordres, le roi attribua à
l'intendant général de la province la connaissance de
la matière, dévolue auparavant aux justices seigneuriales. Il fit défense aux fermiers de molester les propriétaires ou les nouveaux fermiers, à peine d'être
traités comme perturbateurs du repos public. Il ordonna qu'en cas d'abandon des biens par les fermiers, qui cherchaient ainsi à faire réduire la redevance déjà si faible, sachant bien que personne
n'oserait se présenter pour les remplacer, les habitants de la communauté seraient responsables des
loyers sur le pied des anciens baux ou à proportion
de la valeur des terres voisines.

Ces mesures étant insuffisantes, restèrent sans effet,
et de nouveaux excès appelèrent une plus grande sévérité. Par un second édit du 17 juin 1707, le roi évo-
qua tous les procès criminels commencés pour faits
d'incendie et assassinats commis sous prétexte de dépossession de baux, et les renvoya au commissaire

départi dans la généralité, auquel il attribua juridiction pour informer sur les plaintes nouvelles et les
juger. L'édit enjoignait en outre aux fermiers qui
jouissaient sans baux et ·sans le consentement des
propriétaires, d'avoir à· quitter leurs terres sur-le-
champ, à peine d'être poursuivis extraordinairement.
Il était prescrit à tous notaires, qui avaient des minutes
d'actes contenant des stipulations relatives au prétendu droit des fermiers, d'en remettre copie aux pro-
cureurs du roi près les plus prochaines justices
royales. Défense était faite aux mêmes notaires de
passer à l'avenir de pareils actes, à peine de cent livres d'amende et des dommages-intérêts des parties.
Enfin, il était ordonné que les biens abandonnés seraient cultivés à la taille, et que la communauté con-
tinuerait à être rendue responsable du paiement des
loyers.

Un édit du 3 novembre 1714, complétant le précédent, fit défense aux fermiers de céder leurs baux à
qui que ce fût, enfants, parents ou autres, augmenta
les peines portées contre les notaires, et rendit les anciens fermiers pénalement responsables des crimes
commis contre leurs successeurs.

Malgré ces dispositions exceptionnelles, malgré
toutes ces rigueurs, le droit de marché ne fléchit pas,
il prit même une plus grande extension. D'abord établi sur les biens de la bourgeoisie, il s'implanta pro-
gressivement sur ceux de la noblesse et du clergé, et
frappa même les emplois les plus infimes. Du Sangterre, il s'étendit dans toutes les contrées environ-
nantes.

A. ces progrès menaçants du droit de marché, le pouvoir royal répondit par des mesures terribles.

Un nouvel édit du 25 mars 1724 ordonna aux fermiers de cesser l'exploitation dans l'état de culture et d'ensemencement où les biens se trouvaient, sauf répétition des frais de labour et de semences. Faute par eux de faire cet abandon, ils étaient tenus de payer aux propriétaires pour la première récolte le double de leur fermage. Une seconde récolte faite au mépris de défenses écrites exposait les fermiers à être arrêtés et à être transportés aux colonies, eux, leurs femmes et leurs enfants.

En cas d'abandon ou d'expiration des baux, s'il ne se présentait aucun preneur volontaire et solvable, les terres devaient être cultivées sur le pied choisi par les propriétaires, au nom des plus hauts cotisés à la taille, par un fermier, de la gestion et de la solvabilité duquel les communautés répondaient.

Les anciens fermiers et les communautés devinrent responsables des meurtres, incendies et autres excès, qui pouvaient être commis contre les personnes et les biens des propriétaires, contre leurs nouveaux fermiers, leurs enfants et leurs domestiques.

Les auteurs de ces crimes étaient punis de la transportation aux colonies. S'ils restaient inconnus, sur une simple dénonciation et sans autre preuve que la notoriété, les anciens fermiers étaient arrêtés, et conduits en prison, eux, leurs femmes et leurs enfants ; et, si dans les trois mois de leur emprisonnement, ils ne fournissaient pas la preuve que les crimes avaient été commis par d'autres, ils étaient transportés aux colonies et leurs biens vendus jusqu'à concurrence de l'entière réparation du dommage.

De son côté, la justice ne resta pas inactive. De

nombreuses condamnations intervinrent, et des familles entières furent transportées aux colonies. On
alla même jusqu'à proposer la transportation en
masse des habitants du Sangterre, tant était grande
la terreur qu'inspiraient les excès du droit de marché.

Mais les recherches de la justice étaient souvent
infructueuses, par suite de l'impossibilité de découvrir
et d'arrêter les coupables protégés par la population.
Les communautés furent tenues de prêter aide et
secours aux huissiers, archers et sergents agissant
dans les villages, à peine de répondre des rébellions
et des dommages-intérêts envers les parties.

Ce rigoureux système de solidarité protégeait les
personnes contre l'assassinat, et les biens contre l'incendie. Mais, en dehors de ces deux crimes, combien
était vaste encore le champ ouvert à l'esprit de vengeance, si ingénieux à rechercher les occasions de
s'assouvir ! Dans la crainte d'un châtiment sévère, les
fermiers dépossédés n'avaient plus recours à l'assassinat, ni à l'incendie, mais ils purent encore impunément briser les charrues, voler les grains, détruire les
bestiaux, mutiler les arbres.

La répression de ces méfaits fit l'objet de deux édits
de 1732 et de 1747. Il fut ordonné que, « par l'ordonnance de l'intendant, les propriétaires, leurs fermiers
et leurs biens, seront mis sous la sauvegarde des habitants, lorsque des procès-verbaux constatant dégats
et dommages lui auront été transmis. Sans qu'il soit
besoin d'assignation préalable et sur estimation par
expert, l'intendant est autorisé à prononcer condamnation solidaire contre tous les habitants, et cette condamnation portera contrainte par corps contre les

Choppard.   7

quatre plus forts contribuables du lieu. » De plus, « les
habitants des paroisses, qui se trouvent dans les cas
ci-dessus marqués, seront cotisés au double de leur
contribution ordinaire pour les corvées, fournitures
de pionniers, levées de milices, et autres charges
extraordinaires dont le plat pays de Picardie et d'Artois est tenu pour le service du roi et de ses armées. »

Le droit de marché résista à toutes ces mesures et
survécut à l'ancien régime. La Révolution, dans sa
lutte contre les anciennes institutions, ne prit contre
lui aucune disposition exceptionnelle ; l'application
du droit commun parut suffisante pour réagir contre
ses injustices et ses excès.

En 1810, un projet de Code rural fut soumis aux
délibérations de commissions consultatives. La com-
mission consultative de Douai crut devoir appeler
l'attention du législateur sur les abus auxquels donnait lieu le droit de marché. Elle signale la coalition
criminelle des fermiers, l'oppression des propriétaires,
l'impuissance de la justice ; et, partant de là, elle
propose l'adoption d'une série de dispositions exceptionnelles, analogues à celles qui avaient été édictées
avant la Révolution. Ces dispositions tendaient surtout à rendre les communes responsables des crimes
et délits commis sur leurs territoires à l'occasion du
droit de marché. Cette responsabilité ne devait être
que pécuniaire, mais elle soumettait les communes au
paiement d'une indemnité considérable.

Comme le Code rural lui-même, ces propositions
restèrent à l'état de projet.

Aujourd'hui le droit de marché est manifestement
en décroissance, et il tend chaque jour à disparaître

sous l'influence de trois causes : le rachat par le propriétaire, l'établissement des cultures industrielles, et
l'acquisition des terres par les fermiers (1).

(1) V. Discours prononcé le 3 nov. 1864 par M. le procureur-
général Saudbreuil à l'audience de rentrée de la Cour d'appel
d'Amiens.

DROIT MODERNE

DE LA

RESPONSABILITÉ DES COMMUNES

La commune moderne forme l'unité première à laquelle est ramenée, sous le rapport administratif, la division territoriale de la France. Mais elle n'est pas seulement une circonscription administrative; elle représente aussi une association de personnes et de familles unies par des relations locales et habituelles qui exigent, pour la garantie des intérêts privés et publics, une certaine communauté de droits et de devoirs. A ce titre, elle constitue une personne civile, ayant son existence et son individualité propres, ses droits et ses obligations distincts, agissant spontanément et librement pour la gestion de ses intérêts et pouvant ester en justice sous la surveillance tutélaire de l'administration supérieure.

Autant que peut le permettre son caractère fictif, la commune doit nécessairement subir tous les effets de sa personnalité. C'est ainsi qu'elle est soumise au droit commun en ce qui concerne la formation des obligations. Pour elle, comme pour tout particulier, les obligations ont leur source dans les contrats, les quasi-contrats et même dans les délits et les quasi-délits. A la vérité, une commune, en sa qualité de simple personne morale, ne peut pas commettre des délits, mais elle peut être responsable des délits commis, soit par les personnes qui la représentent ou qu'elle emploie, c'est-à-dire par ses préposés, soit par les personnes qui la composent, c'est-à-dire par ses habitants. Cette responsabilité de la commune est régie, dans le premier cas, par les règles du droit commun contenues dans les art. 1382, 1383, 1384 du Code civil; dans le second cas, par les dispositions spéciales de la loi du 10 vendémiaire an IV.

Nous allons l'examiner successivement à ces deux points de vue.

CHAPITRE PREMIER.

Les communes, avons-nous dit, sont soumises aux règles ordinaires en matière de responsabilité. Mais, comme elles ne peuvent accomplir les différents actes de la vie administrative ou civile que par l'intermédiaire de représentants, il en résulte que la disposition de droit commun qui leur est plus particulièrement applicable, est celle de l'art. 1384, § 3 du Code civil.

D'après cet article, les commettants sont responsables du dommage causé par leurs préposés dans les fonctions auxquelles ils les ont employés. La raison de cette responsabilité se trouve principalement dans le choix libre et volontaire que tout commettant fait de son préposé. Avant de lui confier un emploi quelconque, il a dû s'assurer de son aptitude morale, intellectuelle et physique, à le remplir sans dommage pour les tiers. Si donc, le choix qu'il a fait n'est pas suffisamment éclairé, il y a de sa part une faute qui devient, pour ainsi dire, la cause première du dommage imputable à son préposé, et qui explique pourquoi la loi ne lui permet pas de dégager sa responsabilité, en prouvant qu'il n'a pu empêcher l'acte dommageable de s'accomplir. Ainsi, une des conditions essentielles pour l'application de l'art. 1384 § 3, c'est que le préposé ait été volontairement et librement choisi. Toutes les fois que cette condition fait défaut, la relation de commettant à préposé n'existe pas, et partant point de responsabilité.

Si nous appliquons aux communes ce principe rationnel, nous dirons qu'une commune est responsable de tout dommage causé par la faute d'un de ses préposés dans l'exercice de ses fonctions. Cette extension aux communes de la responsabilité imposée aux commettants en général pour les obliger à n'employer que des préposés capables et sûrs, est d'autant plus juste que les pouvoirs dont les agents municipaux sont revêtus à raison de leurs fonctions, peuvent rendre leurs fautes plus préjudiciables aux tiers que celles des simples particuliers. Objectera-t-on que cette responsabilité peut compromettre la fortune municipale? Le danger n'est pas réel. D'ailleurs, si les condamnations prononcées contre une commune pouvaient devenir assez fréquentes pour compromettre son patrimoine, un pareil fait indiquerait des désordres dans l'administration municipale. Le seul remède efficace contre ces désordres serait précisément de forcer la commune, par une application sévère des règles de la responsabilité, à choisir des agents plus éclairés et plus aptes à remplir les fonctions qu'elle leur confie.

On a cependant essayé de soutenir qu'une commune n'était pas responsable des délits ou quasi-délits de ses préposés, parce que du moment où ceux-ci commettent un acte de cette nature, ils sortent de leurs attributions, excèdent leur mandat, et par suite ne sont plus les représentants de la commune.

(1) Pothier. Traité des obligations, n° 121. — Locré. Exposé des motifs, t. 13, p. 42, n° 14.

Cette opinion confond l'action civile avec la poursuite criminelle, laquelle ne peut atteindre que la personne du coupable. Sans doute une commune ne donne jamais à ses préposés le mandat de délinquer, mais le mandat qu'elle leur a donné pour des faits civils suffit pour la rendre responsable des délits qu'ils peuvent commettre dans son exécution. Il s'agit ici, en effet, d'une responsabilité civile qui a son fondement, non pas dans le fait délictueux en lui-même, mais dans le choix que la commune a fait d'un préposé capable de le commettre (1).

Si nous quittons le domaine de la théorie pour entrer dans celui de la pratique, nous remarquons que celle-ci ne paraît pas avoir toujours fait aux communes une exacte application des principes en matière de responsabilité, et qu'elle rend souvent les communes responsables d'un dommage, dont les auteurs ne sont pas véritablement leurs préposés dans le sens de l'art. 1384, § 3.

Il est donc nécessaire de bien préciser quels sont parmi les agents d'une commune, ceux qui peuvent être légalement considérés comme ses préposés.

Et d'abord que décider en ce qui concerne les magistrats municipaux de la commune, le maire et les adjoints? D'après les principes que nous venons de développer, il semble que la solution doive varier, suivant que la nomination de ces magistrats appartient à la commune ou au gouvernement. Ainsi, le maire ne sera véritablement le préposé de la commune, qu'autant qu'il aura été librement choisi par elle, c'est-à-dire élu, soit par la généralité des citoyens,

____

(1) Cass. Ch. req., 19 juillet 1826.

soit par le conseil municipal qui la représente (1);
mais si le maire est nommé directement par le gouvernement (2), on ne peut plus dire qu'il est le préposé, le mandataire de la commune. On ferait dès
lors une fausse application de l'art. 1384, § 3, en
rendant une commune responsable des actes dommageables d'un magistrat qui lui est imposé, et qui, pour
être à la tête de l'administration municipale, n'en
reste pas moins le préposé du gouvernement.

Dans le premier cas, c'est-à-dire lorsque le maire
a été librement choisi par le conseil municipal, la
commune ne doit être responsable que des actes qu'il
accomplit dans la limite de ses attributions municipales et comme chef de l'association communale.
Ainsi, il est certain qu'elle ne doit pas répondre des
actes faits par son maire en sa qualité d'agent du
pouvoir central, ou d'officier de police judiciaire.

Telle est la solution qui nous paraît résulter de la
saine application des principes. D'autres opinions ont
été émises sur la question. Ainsi, on a proposé d'appliquer aux communes la disposition de la loi 15,
§ 1 Dig. *de dolo malo* (3), laquelle décide que les habitants d'un municipe ne sont responsables collective·
ment du dol de ses administrateurs, qu'autant que les
résultats en ont tourné à leur avantage et jusqu'à
concurrence du profit qu'ils en ont retiré. Les officiers
municipaux devraient être personnellement mis en
cause et déclarés seuls responsables du délit; seulement comme nul ne doit s'enrichir aux dépens d'au-

----

(1) Comme cela se passait sous la loi du 14 avril 1871 dans les
villes dont la population ne dépassait pas 20,000 âmes.

(2) Loi sur la nomination des maires du 20 janvier 1874.

(3) V. *supra*, p. 53.

trui, la commune serait tenue de restituer le profit qu'elle a retiré du délit de son administrateur.

Cette opinion ne tient pas suffisamment compte de la faute que commet une commune en choisissant un préposé incapable et maladroit, dont les actes en cette qualité peuvent être très-préjudiciables aux tiers; aucune raison n'empêche de rendre la commune responsable des conséquences de cette faute, conformément au droit commun.

Une autre opinion va plus loin. Elle soutient qu'en thèse générale les officiers municipaux ne sont pas des préposés de la commune dans le sens de l'article 1384; car celle-ci n'a sur eux, ni la direction, ni la surveillance, que tout commettant doit pouvoir exercer sur son préposé. En conséquence, elle ne peut être civilement responsable des délits qu'ils commettent même dans l'exercice de leurs fonctions, par exemple d'un délit de concussion (1).

Ainsi, d'après cette opinion, une commune n'est jamais responsable du dommage causé par ses magistrats, alors même qu'elle les a librement choisis. Sans doute la liberté du choix fait par le commettant dans la personne de son préposé, n'est pas le seul élément de la responsabilité qu'il encourt, et l'art. 1384, § 3, exige en outre pour son application, que le commettant ait le droit de donner à son préposé des instructions et de surveiller l'exécution du mandat qu'il lui a confié. Mais cette condition ne fait pas absolument défaut dans les rapports de la commune avec ses magistrats. La surveillance tutélaire de l'administra-

(1) Merlin. Quest. de droit. V° Responsabilté des communes, § 3.

tion supérieure ne semble pas exclure la direction ni le contrôle que la commune exerce sur ses magistrats, soit par leur élection à des fonctions dont les attributions sont régulièrement déterminées, soit par l'intermédiaire de son conseil municipal, sans l'autorisation duquel ils ne peuvent faire les actes d'administration.

La jurisprudence suit un système différent. Ses décisions varient suivant la qualité, en vertu de laquelle le maire a commis l'acte dommageable, peu importe d'ailleurs qu'il ait été nommé par la commune ou par le gouvernement.

Si le maire agit en qualité d'agent du pouvoir central ou d'officier de police judiciaire, la commune n'est pas responsable de ses actes; car dans cet ordre de fonctions il ne la représente pas, il n'agit pas dans son intérêt. Ainsi, il est de toute évidence que, si en exécutant l'ordre d'un préfet le maire commet un acte dommageable, la commune n'est soumise à aucun recours.

Les actes que le maire accomplit comme chef de la police municipale engagent-ils la responsabilité de la commune? La négative a été soutenue. Dans ce cas, a-t-on dit, le maire agit en qualité de fonctionnaire public, il est placé sous la surveillance de l'autorité supérieure; en conséquence la commune qui n'a sur lui aucun pouvoir de direction ne peut être responsable de ses actes. Il a été jugé, en ce sens, que les arrêtés rendus par les maires comme chefs de la police municipale et comme chargés de veiller à la sécurité et à la salubrité publiques, n'engageaient point la responsabilité des communes (1).

(1) Bordeaux, 18 mai 1841. Sirey. 41, 2, 436.

Mais la Cour de cassation a consacré la doctrine contraire par application des lois des 14 décembre 1789 (art. 54), 24 août 1790 et 18 juillet 1837 (art. 10). D'après ces textes combinés, le maire, en qualité de chef de l'association communale, est chargé de la police et de l'administration municipales, non sous l'autorité, mais sous la simple surveillance de l'administration supérieure. A cet égard, il est moins le délégué du pouvoir central que le représentant de la commune. Il en résulte que celle-ci peut être rendue responsable des mesures prescrites par son maire, en qualité de chef de la police municipale. C'est en vertu de ces principes qu'il a été décidé que les mesures de police, prises par un maire au moment d'un incendie en vue d'organiser les secours, engagent la responsabilité de la commune, lorsqu'il en résulte un dommage pour les propriétés, autres que celles menacées par le feu (1).

Conformément aux mêmes principes, une commune doit répondre du dommage résultant d'une négligence de l'administration municipale. Ainsi, lorsqu'un individu s'est blessé en faisant une chute pendant la nuit dans une tranchée ouverte pour l'exécution d'un travail communal, la commune est responsable de l'accident dans la mesure de la faute qu'elle a commise en négligeant, soit d'éclairer la tranchée, soit d'y placer une barrière. Cette responsabilité résultant d'une faute qui lui est personnelle et non d'un fait se rattachant à l'exécution du travail, la commune ne serait pas fondée à exercer un recours

______

(1) Rouen, 23 mars 1864, S. 64, 2, 177. — Cass., ch. civ., 15 janv. 1866. Dalloz, 66, 1, 75 et la note. — Loi du 11 frimaire an VII, art. 4, § 9.

contre l'entrepreneur, alors même qu'elle aurait traité avec lui à forfait (1). Une commune est encore responsable des dégradations causées aux propriétés voisines par l'accumulation de vases et d'immondices dans les chemins communaux (2).

Ajoutons qu'il a été jugé qu'une commune n'est pas responsable envers les particuliers du préjudice causé par l'exécution d'un arrêté du maire, réformé plus tard par l'autorité supérieure ; elle ne doit que la restitution des sommes qui ont pu être perçues en vertu de cet arrêté (3).

Enfin, lorsque le maire agit comme administrateur des biens de la commune et accomplit des actes de gestion dans son intérêt, il est considéré comme son représentant légal ; les faits dommageables qu'il commet en cette qualité engagent la responsabilité de la commune. Cette solution a été consacrée par de nombreux arrêts, soit dans le cas où le maire a agi par suite d'un arrêté du conseil municipal, soit dans le cas où ses actes n'ont été ni autorisés, ni approuvés par le conseil municipal (4).

Il en serait ainsi alors même que la mesure qui a occasionné le dommage ne pouvait être prise sans l'autorisation du gouvernement. La commune, qui a obtenu cette autorisation, n'en reste pas moins res-

(1) Cass., 17 fév. 1868, S. 68, 1, 148.
(2) Cass., ch. civ., 30 nov. 1858, D., 59, 1, 20.
(3) Ch. req., 17 mai 1836, S. 36, 1, 371.
(4) Cass., 21 mai 1827, S. 25, 27, 1, 610. — Cass., 19 avril 1836, S. 37, 1, 163.— Toulouse, 1er juin 1827, S. 25, 27, 2, 375.—Id., 8 mai 1863, S. 63, 2, 231. — Contrairement à cette jurisprudence, la Cour de Bourges a jugé qu'un maire, qui avait fait sans autorisation arracher une haie pour élargir un chemin, était seul responsable envers le propriétaire de la haie. (10 août 1828, D., 31, 2, 188.

ponsable vis-à-vis des particuliers lésés par cette mesure. Par exemple, l'exécution de travaux communaux peut être pour la commune une cause de responsabilité, bien que ces travaux aient reçu l'approbation de l'autorité supérieure (1). Ainsi, une commune est tenue de la réparation du préjudice occasionné à des propriétaires par des constructions élevées conformément au plan d'alignement. Le propriétaire qui élève ces constructions n'est soumis à aucune responsabilité (2). L'ouvrier qui dans l'exécution d'un travail intéressant une commune a été blessé sans imprudence de sa part, est fondé à réclamer de celle-ci, outre le remboursement des frais faits pour sa guérison, des dommages-intérêts à raison, tant des souffrances par lui éprouvées, que de l'incapacité de travail occasionnée par ses blessures et des conséquences préjudiciables auxquelles il est exposé pour l'avenir (3).

Le personnel administratif d'une commune ne se compose pas seulement des magistrats municipaux, il comprend en outre des employés inférieurs auxquels est confié un service spécial. Peut-on considérer ces employés comme les préposés de la commune dans le sens de l'art. 1384, § 3, et rendre par conséquent celle-ci responsable des dommages par eux causés dans l'exercice de leurs fonctions ? La solution dépend des circonstances. En général, les employés de la commune sont ses préposés, car ils sont presque tous choisis par l'autorité municipale, révocables par elle, payés sur la caisse communale, pour exercer

(1) Dalloz. Rép, Alph. V° Responsabilité, n° 671. — MM. Aubry et Rau, t. 4, § 447.
(2) Bourges, 3 janv. 1854, D., 54-5-654.
(3) Conseil d'Etat, 11 mai 1854. Rougier, D., 54, 3, 59.

certaines fonctions ou exécuter certains travaux sous la surveillance de cette même autorité. Dans ces conditions, il est clair que l'art. 1384 s'applique, et que la commune doit répondre des fautes commises par ses employés inférieurs (1). Cependant on ne peut pas considérer comme préposés de la commune les employés de l'octroi qui sont nommés et révoqués par le préfet, le maire n'ayant que le droit de présenter la liste des candidats. L'administration de l'octroi a donc un caractère mixte et non purement communal (2). Aussi, c'est contre cette administration, comme personne morale distincte, que doivent être dirigées les actions en responsabilité à raison des faits de ses agents, par exemple de l'homicide commis par l'un d'eux sur un prétendu fraudeur (3).

Dans quelques dispositions, la loi fait elle-même aux communes l'application expresse des règles générales en matière de responsabilité.

Ainsi, l'art. 72 du Code forestier déclare les communes usagères responsables des condamnations pécuniaires qui pourraient être prononcées contre les pâtres ou gardiens du troupeau commun, tant pour les délits et contraventions relatifs aux droits d'usage et de pâturage que pour tous autres délits forestiers commis par eux pendant le temps de leur service et dans les limites du parcours.

Cette disposition n'est que l'application du droit

(1) Orléans, 8 mars 1872, S. 72, 2, 188.
(2) Ordonnance du 9 déc. 1814 (Art. 57, 56, 57), — Loi du 28 avril 1816 (Art. 155, 156).
(3) Aix, 18 août 1824, S. 25, 2, 109. — Cass., rej., 19 juillet 1826, S. 27, 1, 232. — Cass., 12 mai 1830, S. 30, 1, 243.

commun. En effet, aux termes de l'art. 72, c'est l'autorité municipale qui choisit le pâtre, et les propriétaires des bestiaux ne sont pas même libres de les faire conduire à garde séparée dans les forêts de l'État. Le troupeau de chaque commune doit être conduit par le pâtre commun. Celui-ci n'est donc pas le préposé des propriétaires des bestiaux, mais le préposé de la commune qui en est responsable, conformément à l'art. 1384, § 3, C. civ.

De là, la question de savoir si les propriétaires des animaux trouvés en délit peuvent être poursuivis en pareil cas, conformément à l'art. 199 du Code forestier, ou si les condamnations ne peuvent être prononcées que contre le pâtre commun et la commune responsable. La Cour de cassation, contrairement à l'opinion des auteurs et à la jurisprudence des cours d'appel, a décidé dans plusieurs arrêts, dont deux rendus en chambres réunies, que les propriétaires des bestiaux faisant partie du troupeau communal étaient toujours responsables. Ce système déroge sans doute aux principes généraux en matière de responsabilité; mais il s'appuie sur le texte de l'art. 199 du Code forestier, qui condamne sans distinction les propriétaires d'animaux trouvés en délit, et sur l'économie générale de ce Code, qui fait résulter une des garanties essentielles de la conservation des bois de l'Etat de la punition de celui qui profite du délit (1).

L'art. 82 du même Code rend les communes usagères garantes solidaires des condamnations pronon-

(1) Meaume. Comment. du Code forestier, t. I, n° 615. — V. les arrêts et autorités cités par cet auteur. — Cass., 4 janv. 1849, S. 50, 1, 231.

Choppard.   8

cées contre les entrepreneurs de l'exploitation des coupes qui leur sont délivrées dans les bois de l'Etat.

La responsabilité de la commune doit s'étendre aux délits ruraux que ses préposés ou domestiques peuvent commettre, par contravention à la loi du 28 septembre 1791 sur la police rurale (art. 7) (1).

Cette même loi rend la commune responsable des dégradations commises par les passants sur les champs voisins d'un chemin communal devenu impraticable : « Tout voyageur, dit l'art. 41, qui déclorra un champ pour se faire un passage dans sa route, paiera le dommage fait au propriétaire, et de plus, une amende de la valeur de trois journées de travail, à moins que le juge de paix du canton ne décide que le chemin public était impraticable ; et alors les dommages et les frais de clôture seront à la charge de la communauté (2). »

Les communes, en leur qualité de propriétaires, peuvent encore encourir la responsabilité établie par les art. 1385 et 1386 du Code civil. D'après l'article 1385, « le propriétaire d'un animal ou celui qui s'en sert, pendant qu'il est à son usage, est responsable du dommage que l'animal a causé, soit que l'animal fût sous sa garde, soit qu'il fût égaré ou échappé. »

L'article 1386 dispose que « le propriétaire d'un bâtiment est responsable du dommage causé par sa

---

(1) Henrion de Pansey. Compétence des juges de paix, p. 169 et s. — Cass., 22 fév., 1811.

(2) Sous l'empire de la loi du 13 juin 1851 (art. 58) et du décret du 11 janvier 1852 (art. 12) sur la garde nationale, les communes étaient responsables, sauf leur recours contre les gardes nationaux, des armes que le gouvernement avait jugé nécessaire de leur délivrer.

ruine, lorsqu'elle est arrivée par suite du défaut d'entretien ou par le vice de sa construction. » Toutefois, une commune propriétaire d'un édifice, classé parmi les monuments historiques, n'est pas responsable du dommage causé par sa ruine, bien que l'accident soit la suite du défaut d'entretien ou d'un vice de construction, aucune présomption de faute ne pouvant peser sur elle dès l'instant où elle a cessé d'avoir le droit de remédier aux vices de construction et d'exécuter les réparations (1).

Jusqu'ici nous n'avons traité de la responsabilité des communes qu'au point de vue des réparations civiles. Il y a lieu de se demander si en dehors d'une disposition formelle et spéciale, comme celle de la loi du 10 vendémiaire an IV, la peine de l'amende peut être prononcée contre une commune.

En règle générale, une commune, comme toute personne morale, ne peut être pénalement responsable d'un délit, et la soumettre à l'amende, ce serait méconnaître le grand principe de la personnalité des fautes, puisqu'une personne morale ne peut agir que par représentants.

Cependant, il y a des cas où les communes encourent des amendes, moins à titre de peine qu'à titre de réparation pécuniaire, non en qualité de commettants, mais seulement en qualité de propriétaires, de personnes civiles, d'êtres collectifs.

Ainsi, en matière de grande voirie, les contraven-

(1) Dijon, 12 janv. 1869, S. 70, 2, 74.

tions sont frappées d'une amende qui participe du caractère de dommages-intérêts; c'est pourquoi une commune a pu être condamnée à l'amende pour un travail fait sans autorisation sur la dépendance d'une route (1).

De même, en matière forestière, l'amende peut être prononcée contre une commune pour des infractions à des dispositions, qui lui sont imposées lorsqu'elle agit en qualité de propriétaire d'animaux trouvés en délit (C. for., art. 72, 77, 199); ou pour l'exercice de ses droits d'usage et d'affouage (C. for., 73, 74, 75, 78, 82, 83); ou enfin comme adjudicataire, soit de coupes de bois (C. for., 32, 34, 37), soit des droits de glandée, de panage et paisson (C. for., 53 et s.).

C'est ainsi qu'une commune a été déclarée passible d'amende parce qu'un troupeau communal, conduit par le pâtre commun, avait été trouvé dans un bois de l'Etat où elle n'avait aucun droit (2); en cas d'abattage d'arbres réservés, et pour délits commis à l'ouïe de la cognée dans des ventes exploitées pour son compte (3), pour défrichement non autorisé de ses bois (C. for., 91, 220).

La garantie solidaire des communes, établie par l'art. 82, C. for., pour les condamnations prononcées contre les entrepreneurs de l'exploitation des coupes affouagères, comprend l'amende aussi bien que les dommages-intérêts et les frais (4).

L'art. 72, C. for., déclare les communes responsa-

---

(1) Conseil d'Etat, 14 juin 1851, commune de Tournon.
(2) Cass., 18 sept. 1835.
(3) Cass., 5 mai 1815; 29 juin 1821; 19 août 1821.
(4) Cass., 24 sept. 1830. D. 30, 1, 371; 12 juin 1840, D. 40, 1, 421.

bles des condamnations pécuniaires prononcées contre les pâtres du troupeau communal pour les délits forestiers par eux commis pendant le temps de leur service. Certains arrêts étendent cette responsabilité jusqu'aux amendes (1). Tel n'est pas cependant l'avis de la plupart des auteurs qui pensent que l'art. 72 doit être entendu dans un sens conforme au droit commun et aux dispositions générales de l'art. 206, C. for. (2). En effet, l'art. 206 règle la responsabilité civile en matière forestière, conformément aux principes établis dans l'art. 1384, C. civ., et ne l'étend qu'aux restitutions, dommages-intérêts et frais, à l'exclusion des amendes. Si certaines dispositions spéciales, telles que celles des art. 32, 46, 72, 82, 53, 147, 199, C. for., dérogent à cette règle, elles ne sont que des exceptions fondées sur une présomption légale que le délit provient du fait des adjudicataires, propriétaires et autres personnes quelconques déclarées responsables, plutôt que de celui de leurs agents et préposés, et, comme telles, ces dispositions doivent s'entendre dans un sens restrictif (3).

Dans les différents cas de responsabilité communale que nous venons de parcourir, la compétence appartient en général aux tribunaux ordinaires (4). Toutefois, si la négligence reprochée à la commune a eu lieu dans l'accomplissement d'un acte administra-

---

(1) Nancy, 15 avril 1836. — Toulouse, 8 fév. 1862, D., 62, 2, 97.

(2) Dalloz. Rép. Alph., V° *Forêts*, n° 1500. — Rennes, 29 mai 1839, J.-P., 39, 2, 574.

(3) Amiens, 18 janv. 1873, S. 73, 2, 73, et la note.

(4) Spécialement en matière de contravention de grande voirie les tribunaux administratifs sont seuls compétents.

tif, il n'appartient qu'aux juges administratifs de constater cette négligence, d'en apprécier l'étendue et d'en déterminer les suites légales (5).

(5) M. Dareste. La justice administrative en France, p. 614. — Comp., arrêt du tribunal des conflits du 8 fév, 1873, aff. Blanco. Lebon 73, p. 61 et s. — V. les conclusions du commissire du gouvernement.

CHAPITRE II.

RESPONSABILITÉ ÉTABLIE PAR LA LOI DU 10 VENDÉMIAIRE AN IV.

La loi du 10 vendémiaire an IV rend les communes responsables des délits commis par des attroupements sur leur territoire, soit envers les personnes, soit contre les propriétés. Des événements récents donnent aujourd'hui à cette loi une très-grande importance, et remettent en question toutes les difficultés auxquelles avait déjà donné lieu son interprétation. C'est pourquoi il nous a paru utile, en rapprochant ses dispositions des applications qu'en a faites la jurisprudence, d'établir quelles sont actuellement les règles à suivre.

Mais, avant d'entrer dans le commentaire de la loi de vendémiaire, nous nous proposons de retracer les circonstances au milieu desquelles elle a pris naissance et de rechercher ensuite quel en est le fondement, le caractère, la portée.

Ces considérations générales feront l'objet de notre première section.

SECTION I. — Considérations générales sur la loi du 10 vendémiaire an IV.

§ 1. — *Origines historiques.*

Le principe de la responsabilité communale, dont nous avons montré les curieuses applications dans notre ancien droit, fut introduit dans nos lois modernes à l'occasion des désordres qui, aux débuts de la première révolution, se multipliaient sous l'influence des événements politiques.

Un cri général de réprobation s'élevait contre les vestiges de la féodalité, lorsque s'ouvrirent les Etats généraux, en 1789. Le Tiers-Etat, malgré son attitude énergique, ne sut pas entreprendre assez vite la réforme sociale, dont la nécessité devenait chaque jour plus impérieuse. Les prétentions inopportunes de la noblesse et du clergé précipitèrent la crise. Le peuple de Paris donna l'impulsion, et la prise de la Bastille fut le signal de l'insurrection des campagnes. Les paysans, exaltés par la haine des droits seigneuriaux et les vexations dont ils étaient l'objet de la part des propriétaires de fiefs, se ruèrent contre tout ce qui rappelait la féodalité, incendièrent les châteaux, détruisant les anciens titres et les chartes féodales.

L'Assemblée nationale, effrayée de ces désordres, inquiète de l'impuissance de la force publique, rechercha les moyens de calmer l'effervescence des provinces. Pour ramener la tranquillité, on proposa le rachat des droits féodaux et l'abolition des corvées seigneuriales, des mainmortes et autres servitudes personnelles. Le moment était solennel ; un Breton inconnu, Kerengal, fit alors entendre ces courageuses paroles :

« Messieurs, vous eussiez prévenu l'incendie des châteaux, si vous aviez été plus prompts à déclarer que les armes terribles qu'ils contenaient et qui tourmentent le peuple depuis des siècles, allaient être anéanties par le rachat forcé que vous alliez en ordonner.

« Le peuple, impatient d'obtenir justice et las de

l'oppression, s'empresse de détruire ces titres, monuments de la barbarie de nos pères.

« Soyons justes, messieurs; qu'on nous apporte ici les titres qui outragent non-seulement la pudeur, mais l'humanité même; qu'on nous apporte ces titres qui humilient l'espèce humaine, en exigeant que les hommes soient attelés à une charrette comme les animaux du labourage; qu'on nous apporte ces titres qui obligent les hommes à passer les nuits à battre les étangs pour empêcher les grenouilles de troubler le sommeil de leurs voluptueux seigneurs. Qui de nous, dans ce siècle de lumière, ne ferait pas un bûcher expiatoire de ces infâmes parchemins, et ne porterait pas un flambeau pour en faire un sacrifice sur l'autel du bien public?

« Vous ne ramènerez le calme dans la France agitée que quand vous aurez promis au peuple que vous allez convertir en prestations en argent, rachetables à volonté, tous les droits féodaux quelconques. Dites-lui que les lois que vous allez promulguer anéantiront jusqu'aux moindres traces des droits de servitude dont il se plaint justement; dites-lui que vous reconnaissez l'injustice de ces droits acquis dans des temps d'ignorance et de tenèbres.

« Pour le bien de la paix, hâtez-vous de donner ces promesses à la France. Un cri général se fait entendre; vous n'avez pas un instant à perdre : un jour de délai occasionne de nouveaux embrasements. La chute des empires est annoncée avec moins de fracas; ne voulez-vous donner des lois qu'à la France dévastée? »

Cet accent de conviction généreuse produisit son effet. L'enthousiasme s'empara de l'Assemblée, et la noblesse, mue par un sentiment de désintéressement patriotique, fit soudain le sacrifice volontaire de tous ses priviléges : ce fut l'objet des fameux décrets qui rendirent à jamais mémorable la séance de nuit du 4 août 1789.

Ces décrets proclamaient le principe destructif de la féodalité. Malheureusement, leur exécution fut l'occasion de nouveaux désordres. La royauté indécise hésita quelque temps à les publier; les nobles, qui regrettaient déjà leur désintéressement, ne purent se résigner à faire l'abandon de leur priviléges; ils multiplièrent les exactions pour le paiement des rentes arriérées, exigèrent les corvées seigneuriales, les assujettissements avilissants. A ces nouvelles vexations les paysans répondirent en recommençant la guerre contre les châteaux et les chartes féodales. Trompés par des émissaires mystérieux sur le sens des décrets du 4 août et sur les dispositions de l'Assemblée nationale, ils ne connurent plus de frein et se livrèrent à tous les excès d'une aveugle vengeance (1).

Pour arrêter cette haine destructive, la loi martiale fut proclamée; elle dogmatisait avant de frapper : « La liberté affermit les empires, dit le préambule du décret du 21 octobre 1789, mais la licence les détruit. Loin d'être le droit de tout faire, la liberté n'existe que par l'obéissance aux lois. Si, dans les temps calmes, cette obéissance est suffisamment assurée par l'autorité publique ordinaire, il peut survenir des époques difficiles où les peuples, agités par des causes souvent criminelles, deviennent l'instrument d'intrigues qu'ils ignorent. Ces temps de crise nécessitent *momentanément* des moyens extraordinaires pour

_____

(1) Histoireparlementaire de la Révolution française, t. 2, p. 248

maintenir la tranquillité publique et conserver les droits de tous. »

Le décret justifiait ainsi l'emploi de la force armée qu'il ordonnait pour combattre la sédition.

Le législateur de la révolution, ayant donné aux communes une organisation libre, et leur ayant permis d'avoir des milices organisées sous le nom de gardes nationales, confia à l'autorité municipale le soin de dissiper les attroupements par la force, après avoir fait aux séditieux trois sommations restées infructueuses.

Mais c'était là la répression immédiate et sanglante de la sédition ; en prévenir le retour par une disposition légale était une garantie sociale plus digne d'un législateur L'Assemblée nationale se mit à l'œuvre, et la discussion s'engagea sur le point de savoir qui supporterait la responsabilité des désordres (1).

Le comité de législation présenta un projet de loi ainsi conçu : « Les officiers municipaux obligés de veiller au maintien de la tranquillité publique seront tenus de proclamer la loi martiale dans tous les cas où des attroupements séditieux menaceraient la vie et la tranquillité des citoyens.

« Si, par négligence ou par faiblesse, ils ne se conformaient pas à cette disposition, ils seront responsables, privés de leurs offices, déclarés incapables de remplir à l'avenir aucune fonction publique, et condamnés au paiement du tiers du dommage qui sera

(1) On avait bien déjà songé à confier aux administrations municipales librement élues le soin de prévenir les dévastations, mais sans faire peser sur elles aucune responsabilité. Ainsi un décret du 7 nov. 1789 les déclara conservatrices des biens ecclésiastiques ; les bois et les forêts furent mis sous leur sauvegarde par un décret du 11 déc. 1789.

fait et à la restitution des sommes que le trésor public aura perdues par le pillage.

« S'il peut être prouvé que les officiers municipaux ont favorisé les troubles, ils seront poursuivis extraordinairement, déclarés prévaricateurs dans leurs fonctions et punis comme tels.

« Tous les citoyens pouvant concourir au rétablissement de l'ordre public, toute la communauté sera responsable des deux tiers du dommage. »

Ce projet fut défendu par les orateurs les plus distingués, Cazalès, Maury, Barnave, Mirabeau. Ce dernier allait même plus loin : il demandait de déclarer les officiers municipaux personnellement responsables de tous les dommages qui auraient été commis ; il n'admettait la responsabilité des communes qu'en cas d'insuffisance des biens de leurs magistrats. Cette théorie, si manifestement inique, rappelait la condition imposée aux curiales par la loi romaine ; elle fut victorieusement combattue par des hommes obscurs qui triomphèrent par la force du bon sens : « Ne mettons pas, dit Dalley-Dagier, les officiers municipaux, déjà établis, dans le cas de donner leur démission. Quand la confiance publique est réunie sur un citoyen, si cet hommage rendu à sa vertu lui donne la force de supporter le fardeau qui lui est imposé, il faut bien vous garder de porter le découragement dans son cœur, et c'est le décourager que de lui faire craindre de perdre tout à la fois sa fortune et celle de sa famille. »

C'est alors qu'on proposa de rendre les communes civilement responsables des délits collectifs commis sur leur territoire. On assurerait ainsi la tranquillité intérieure, disait-on, en détournant les habitants de toute participation active ou secrète aux troubles et

en les excitant à prêter un concours actif et efficace
aux officiers municipaux qui, dans chaque commune,
sont chargés du maintien de l'ordre public : « Il faut
que le dommage soit réparé par la commune, ajou-
tait le député Dupont; c'est là le vrai moyen de rétablir la fraternité entre tous les Français. S'il arrive
un désordre, ou c'est la majorité qui l'a commis, et
elle doit être responsable, ou c'est la minorité, et
alors la majorité est coupable de ne pas s'y être opposée » (1).

Cette théorie l'emporta devant l'Assemblée nationale, qui, dans son décret du 23 février 1790, consa-
cra formellement le principe de la responsabilité
communale. Ce décret constituait la solidarité entre
tous les membres de la même commune, et le devoir
de l'assistance mutuelle entre les communes voisines.
Son article 5 disposait que : « Lorsque, par un attroupement, il aura été causé quelque dommage, la commune en répondra, si elle a été requise, et si elle a
pu l'empêcher, sauf son recours contre les auteurs de
l'attroupement. »

Ce principe fut bientôt reproduit dans les nombreux
décrets qui se succédèrent pour assurer le maintien de
l'ordre public, et dont quelques-uns allèrent même
jusqu'à soumettre les officiers municipaux à une responsabilité sévère en cas d'inexécution de certaines
mesures à eux confiées.

Le décret du 2 juin 1790 concernant les poursuites
à exercer contre les individus qui séduisent, trompent
et soulèvent le peuple, décide dans son art. 11, que :
« tous les citoyens de chaque commune qui auront

____

(1) Histoire parlementaire, t. 4, p. 347, 318, 387.

pu empêcher le dommage causé par les violences en
demeureront responsables », alors même que leur
commune n'aurait pas été requise.— Le décret du 6 octobre 1790, relatif aux séditions, attroupements et autres attentats contre l'ordre public, combinant les dispositions des deux décrets antérieurs, déclare que :
« l'indemnité des dégâts et dommages sera prise d'a-
bord sur les biens des coupables, et subsidiairement
supportée par les communes qui ne les auraient pas
empêchés lorsqu'elles l'auraient pu, et qu'elles auraient été requises par les officiers municipaux qui
sont responsables de leur négligence à cet égard. —
La loi du 27 juillet 1791 (art. 3) permet aux munici-
cipalités, dont les communes sont ravagées par des
voleurs et des brigands, de réquérir les communes
voisines de leur prêter secours, et, en cas de refus,
déclare ces dernières responsables. En outre, les officiers municipaux, chargés de pourvoir à la sûreté des
communes et de faire des réquisitions, sont responsables des suites du défaut de réquisition. — Un décret du 17 juillet 1792 oblige les communes, où des
troubles ont pris naissance par le fait de leurs habitants, à rembourser au Trésor les frais extraordinaires occasionnés par le déploiement de la force publique. — La loi du 16 prairial an III, rendue pour
réprimer les pillages de grains qui se commettaient
dans certaines parties de la France, dispose dans son
art. 1 : « Lorsqu'il sera commis des pillages de grains,
farines ou autres subsistances sur le territoire d'une
commune, la municipalité qui n'aura pas prévenu ou
dissipé les attroupements, et tous les habitants de la
commune qui n'auront pas désigné les auteurs, fau-
teurs ou complices du délit, seront solidairement res

ponsables de la restitution des objets pillés, ainsi que des dommages-intérêts dus aux propriétaires, et de l'amende envers la République. » — Enfin, la loi du 4 thermidor an III (art. 4) charge spécialement les officiers municipaux et les habitants des lieux, où se tiennent les foires et marchés, d'y maintenir l'ordre et la liberté du commerce, à peine, en cas de troubles, de suppression des marchés, et de demeurer personnellement responsables des événements dans le cas où il serait constaté qu'ils n'auraient pas fait tout ce qui était en leur pouvoir pour prévenir ou arrêter le désordre.

Ces mesures partielles furent impuissantes à ramener l'ordre et la sécurité. De tous côtés se manifestaient des désordres et des excès souvent dirigés contre les acquéreurs de biens nationaux. La Convention, depuis longtemps entourée elle-même de périls, menacée par des mouvements populaires sans cesse renaissants, voulut opposer à cette situation un remède énergique. Elle le chercha dans une loi générale qui posât d'une façon plus rigoureuse et plus précise les règles de la responsabilité communale. A cet effet, elle chargea son comité de législation de lui rendre compte de l'état des lois sur la responsabilité civile des communes, et de lui présenter ses vues sur les moyens de faire exécuter et perfectionner ces lois.

On était à la fin du règne de la Convention. La Constitution dictatoriale du 5 fructidor an III venait d'être votée par elle, et on allait procéder aux élections pour constituer le gouvernement nouveau qui devait lui succéder le 20 brumaire an IV. Mais l'opinion publique, à Paris surtout, se prononçait énergiquement pour l'abandon immédiat du pouvoir par la terrible Assemblée; et la résistance de la Convention avait tellement exaspéré l'opposition que les sections de la commune de Paris étaient à la veille de prendre les armes pour une dernière insurrection.

C'est dans ces circonstances, et sur le rapport des trois comités de salut public, de sûreté générale et de législation (1), que fut votée la loi du 10 vendémiaire an IV, *sur la police intérieure des communes*, trois jours avant la journée du 13 vendémiaire, où l'artillerie de la Convention, sous les ordres du général Bonaparte, mitrailla l'armée des sections (2).

La loi du 10 vendémiaire an IV, qu'on a quelquefois appelée le Code de la responsabilité des communes, a coordonné les diverses dispositions éparses dans les lois antérieures et établi un ensemble de règles complet. Elle détermine les conditions auxquelles cette responsabilité est encourue, fixe la nature et l'étendue des réparations, et organise une procédure spéciale, tant pour l'exercice des actions que pour l'exécution de la condamnation (3).

(1) Malgré des recherches faites dans les archives, on n'a pas pu retrouver les rapports faits au nom des trois comités.

(2) V. le Réquisitoire de M. le procureur général Dupin du 5 avril 1836. Recueil de ses discours et réquisitoires, t. III, p. 227. — V. *Infra*, p. 134 et s.

(3) Le Directoire fit lui-même des applications de la loi du 10 vendémiaire an IV. Un arrêté du 8 nivôse an VI déclara que cette loi serait applicable aux communes frontières sur le territoire desquelles des attroupements attaqueraient les préposés des douanes pour protéger les contrebandiers. — Suivant une ancienne coutume barbare, qui existait encore dans les départements enlevés aux Pays-Bas, les habitants des communes du bord de la mer pillaient les bâtiments échoués sur les côtes. Des arrêtés des 14 brumaire et 27 thermidor an VII rendirent ces communes res-

§ 2. — *Fondement de la responsabilité des communes
établie par la loi du 10 vendémiaire an IV.*

Il ne faut pas seulement voir dans la loi de vendémiaire une de ces mesures de rigueur prises dans des
temps troublés pour assurer le maintien de l'ordre et
de la tranquillité publique. Elle n'a pas été rendue,
comme toute mesure arbitraire, pour arriver bruta-
lement à un but. Elle impose des obligations, elle doit
donc être basée sur des principes. Ce sont ces principes que nous devons maintenant rechercher. Mais,
pour en faire une juste appréciation, nous devons nous
reporter aux jours où la loi a été rendue, tenir compte
de l'organisation des municipalités à cette époque et
des circonstances qui ont inspiré le législateur.

Par la loi du 10 vendémiaire an IV, une commune
est rendue responsable à un double titre des désordres commis sur son territoire : elle en est responsable à raison, et de la négligence de ses officiers
municipaux qui les ont laissé commettre, et de là
participation directe ou indirecte que ses habitants y
ont prise.

Sous la Convention, la municipalité, chargée dans
chaque commune du maintien de l'ordre public, a à
sa disposition la force armée nécessaire pour prévenir
ou réprimer les troubles ; elle est donc en faute lorsqu'elle laisse éclater des troubles qu'elle a le devoir et
le pouvoir d'empêcher. Mais la municipalité n'exerce
son pouvoir que par délégation de la commune, c'est-
à-dire des habitants qui lui confèrent ses fonctions

ponsables du pillage des effets naufragés, aux termes de la loi de
l'an IV.

Choppard.   9

par une élection complètement indépendante. C'est en
réalité la commune qui a la police de son territoire.
Elle confie l'exercice de ce pouvoir à des agents de la
négligence desquels elle reste responsable. Il sembla
dès lors rationnel de lui imposer la réparation des intérêts lésés, lorsque ses agents auront manqué au devoir légal de les protéger et de les défendre. En un
mot, *la responsabilité est placée là où est le pouvoir.*

Cette idée est peut-être celle qui justifie le mieux
les dispositions de la loi de l'an IV. Cependant on
donne à la responsabilité des communes un autre fondement dont le principe se trouve exprimé dans l'article unique du titre I de cette loi : *Tous les citoyens
habitant la même commune, sont garants civilement
des attentats commis sur le territoire de la commune,
soit envers les personnes, soit contre les propriétés.*
De cette formule un peu trop générale, et qui doit
être limitée aux attentats ayant un caractère collectif et public, il résulte que le législateur de l'an IV
a voulu assurer la tranquillité publique et la répression des troubles en y intéressant la généralité
des citoyens d'un même territoire. Par la menace
d'une grave responsabilité, il n'a pas seulement
voulu les détourner de toute participation active
ou secrète au désordre, mais il leur a imposé en quelque sorte le devoir de l'assistance mutuelle, l'obligation d'employer toute leur influence, toute leur activité personnelle, pour prévenir le mal ou l'arrêter. On
peut dire que tous les habitants d'une même commune
sont sous le coup d'une présomption de faute qui justifie leur responsabilité. Ou ils ont commis l'attentat,
ou ils l'ont laissé commettre ; dans un cas comme dans
l'autre, ils sont en faute, soit par violation des lois

prohibitives qui leur interdisent de porter atteinte
aux personnes et aux propriétés de leurs concitoyens,
soit par violation des règles de l'association qui leur
commandent de s'entr'aider en face d'un danger commun et de contribuer au maintien de l'ordre dans la
mesure de leurs forces.

Mais on ne saurait méconnaître que la responsabilité communale, telle qu'elle est régie par la loi de
vendémiaire, déroge profondément au grand principe
de l'imputabilité des fautes. En effet, de l'application
de cette loi il résulte que des personnes innocentes
sont appelées à réparer le dommage commis par d'autres, alors même qu'elles n'ont pu ni le connaître, ni
l'empêcher. Elles ne sont même pas admises à prouver qu'elles ne sont ni les auteurs, ni les complices du
désordre, sinon pour obtenir un recours souvent illusoire contre les coupables. C'est surtout cette déroga-
tion aux règles ordinaires de l'imputabilité qui rend
la loi rigoureuse et lui a attiré le reproche d'injustice.

Tels sont les principes fondamentaux de la responsabilité établie par la loi de l'an IV. Mais on conçoit
qu'à ce moment la Convention était plus préoccupée
du résultat à obtenir que de la justification des
moyens employés. Son véritable but n'était pas,
comme on pourrait le croire, d'assurer aux particuliers victimes du désordre une juste indemnité ;
c'était uniquement d'intimider et de soumettre les
communes. Elle a voulu le réaliser au nom d'un principe qu'elle a eu soin d'écrire en tête de sa loi.

§ 3. — *La loi du 10 vendémiaire an IV est-elle appli-*
cable à toutes les communes sans distinction, et no-
tamment aux villes de Paris et de Lyon?

Un avis du Conseil d'État du 13 prairial an VIII
décide que la loi du 10 vendémiaire an IV « est applicable à toutes les communes sans distinction des
grandes et des petites, attendu que la loi n'établit
pas cette distinction, et que les motifs qui l'ont fait
rendre ne s'appliquent pas moins aux grandes qu'aux
petites communes. »

Quelque généraux que soient les termes de cette
décision, la ville de Paris a néanmoins cherché à se
soustraire aux dispositions de la loi de vendémiaire,
et a réclamé en sa faveur une exception, tant à cause
de sa position spéciale comme siége du gouvernement,
que de l'organisation particulière de sa municipalité,
dont la direction est confiée à un magistrat placé sous
l'autorité immédiate du pouvoir central.

Cette question, la plus importante peut-être qu'ait
jamais soulevée l'application de la loi de vendémiaire,
a été vivement débattue en jurisprudence, et n'a pu
être définitivement tranchée que par l'autorité souveraine des Chambres réunies de la Cour de cassation.

Après l'insurrection de juin 1832, pendant laquelle
les magasins de plusieurs armuriers de Paris furent
livrés au pillage, les propriétaires demandèrent à la
ville de les indemniser des pertes qu'ils avaient éprouvées. La Cour d'appel de Paris accueillit leur demande,
jugeant que, conformément à l'avis du Conseil d'État
du 13 prairial an VIII, la loi du 10 vendémiaire an IV

s'appliquait à la ville de Paris comme aux autres
communes (1).

Sur le pourvoi de la ville de Paris, la Cour de cassation, sans se prononcer sur la question de savoir si
la loi de vendémiaire était applicable à la ville de Paris, cassa l'arrêt attaqué, « attendu, entre autres motifs, que la loi de vendémiaire an IV contient des
exceptions qui eussent affranchi la ville de Paris de
toute responsabilité (2). »

L'affaire fut renvoyée devant la Cour d'Orléans qui,
dans son arrêt du 8 février 1839, confirma la doctrine
de la Cour de Paris (3). Nous ne pouvons mieux
faire que de reproduire ici les motifs de cet arrêt; ils
résument parfaitement le système qui étend à la
ville de Paris l'application de la loi de vendémiaire
an IV :

« Attendu, dit cet arrêt, que la loi du 10 vendémiaire
an IV est générale; qu'elle ne contient ni dans son
texte, ni dans son esprit, aucune exception en faveur
de la ville de Paris ; qu'en effet, en se reportant à
l'époque où la loi de vendémiaire a été rendue, aux
circonstances qui l'ont motivée, en considérant le but
qu'elle veut atteindre, on est amené à reconnaître que
le principe de la responsabilité des communes, déjà
consacré par des lois précédentes, n'était pas protégé
par une sanction proportionnée aux nécessités du moment; que, pour prévenir les troubles sans cesse re-

(1) Paris, 29 août 1834. D. Alph., V° *Commune* n° 2657. —
22 nov. 1824. — 22 déc. 1834, S. 35, 2, 92. — 29 déc. 1834, S. 35,
2, 97.

(2) Cass., ch. civ , 6 avril 1836, S. 36, 1, 257. Neuf arrêts ont
été rendus le même jour.

(3) Orléans, 8 fév. 1839. S. 39, 2, 285.

naissants à l'intérieur, et surtout à Paris, il importait, pour le maintien de l'ordre public et pour la protection des membres de chaque cité, que la responsabilité des communes ne pût pas être éludée ; que quelque rigoureuses que soient quelques-unes des dispositions de cette loi, elle n'en est pas moins applicable dans son ensemble à toutes les communes de France sans exception ; que son principe est à la fois équitable et politique ; qu'au milieu des discordes qui troublaient la France à cette époque, le législateur a voulu que chaque cité fût protégée par ses habitants, que l'intérêt personnel, la crainte d'une pénalité stimulât le zèle des citoyens que l'amour de l'ordre n'aurait pas réunis pour la défense des intérêts communs, et que, d'un autre côté, les individus, victimes des excès ou de l'incurie de leurs concitoyens, eussent le droit de reporter sur la masse des habitants le dommage qui avait atteint quelques-uns d'entre eux ; que l'on conçoit aisément que l'application de ce principe est surtout nécessaire dans les grandes cités, et particulièrement dans celles où une grande agglomération d'habitants rend les attroupements plus faciles et plus fréquents, mais aussi les moyens de répression plus prompts et plus efficaces : que dès lors rendre inapplicable à la ville de Paris la loi de vendémiaire, ce serait refuser au maintien de l'ordre en général et aux intérêts des particuliers la garantie salutaire créée par la loi de l'an IV, et établir pour la commune un privilége funeste à ses habitants ; qu'en vain on objecte la constitution spéciale de la commune de Paris, les fonctions exceptionnelles de ses administrateurs non élus par la cité, mais nommés par le pouvoir exécutif ; qu'en effet, et d'abord, il faut à cet égard, pour inter-

prêter la loi, se reporter à l'état de choses existant en
l'an IV, où la municipalité de Paris était aussi le produit de l'élection ; que, d'un autre côté, il faut considérer que le préfet de la Seine et le préfet de police,
investis aujourd'hui des pouvoirs exercés dans les autres communes par les maires et leurs adjoints, ont
comme ceux-ci le droit et le devoir d'appeler tous les
habitants pour les faire concourir au maintien de
l'ordre ; que dès lors, pour la ville de Paris comme
pour les autres communes, on doit admettre le principe de la responsabilité. »

Cet arrêt fut à son tour déféré à la censure de la
Cour de cassation. M. le procureur général Dupin sou-
tint énergiquement la prétention de la ville de Paris.
Il reproduisit les arguments qu'il avait déjà fait va-
loir dans un remarquable réquisitoire prononcé à l'occasion du premier pourvoi.

Pour démontrer que la loi de vendémiaire a cessé
d'être applicable à la ville de Paris, M. le procureur
général insiste fortement sur la différence entre l'organisation de la commune de Paris en l'an IV et son régime actuel. « Cette loi, dit-il, contient un principe de
responsabilité juste en soi, s'il est renfermé dans ses
limites, si la responsabilité ne pèse que sur ceux qui
sont coupables ou qui ont manqué à la protection mutuelle que réclame l'association ; mais principe outré
en l'an IV, à cause des circonstances révolutionnaires
qui ont amené la loi. Pour expliquer une loi si rigoureuse et pour l'appliquer à la ville de Paris, il faut
donc se demander quelle était, à cette époque, l'organisation de la commune de Paris, sa force, sa puissance, ses moyens d'agir ; quelle influence doivent
exercer sur la cause tous les changements survenus

dans le partage et dans l'organisation des pouvoirs publics.

« Qu'était donc en l'an IV la commune de Paris ? Qu'était-elle dans la loi ? Qu'était-elle dans les faits ? L'organisation légale de la municipalité de Paris se rettache à la loi des 3 mai-27 juin 1790. Cette loi établit pour Paris un maire, un procureur de la commune, deux substituts de ce procureur ; un conseil général de 144 membres, ayant ses tribunes, son bureau, ses applaudissements bien plus bruyants et une force de fait bien plus considérable que celle du Corps législatif ; quarante-huit sections, chacune avec son président, son commissaire de police, ses commissaires de section, son assemblée particulière et ses armes ; la garde nationale pour armée ; le commandant de cette garde pour général ; les quarante-huit commissaires de police pour surveiller ; et toutes ces autorités, toutes, même les commissaires de police, élues par les sections : telle est la formidable organisation de la municipalité de Paris à cette époque.

« Et quelles étaient ses attributions ? Elles n'étaient pas exagérées dans la loi constitutive du 27 juin 1790. Mais la loi du 11 août 1792 lui attribue la police de sûreté générale et l'investit sans surveillance et sans contrôle de la recherche des crimes qui compromettent, soit la sûreté extérieure, soit la sûreté intérieure de l'État, et dont l'accusation est réservée à l'Assemblée nationale. »

Recherchant ensuite l'usage que la commune de Paris fit de ses pouvoirs, l'illustre magistrat rappelle les excès révolutionnaires et les mouvements insurrectionnels par lesquels elle se signala. C'est elle qui prend la garde de la famille royale au Temple ; puis

le recensement des suspects ; les barrières fermées
pendant quarante-huit heures ; les visites domiciliaires
opérées pendant ce temps, quand toute issue a été fer-
mée à l'évasion ; toutes les prisons fermées, et bientôt
les prisonniers égorgés par les septembriseurs ! Le 17
de ce même mois de septembre 1792, l'Assemblée nationale indignée, mais trop tard, décrétait que tous
les membres de la commune de Paris répondaient sur
leur tête de la sûreté de tous les prisonniers ! Impuissante et tardive responsabilité ! La loi du 19 septembre 1792, en prescrivant des mesures de sûreté et de
tranquillité publique pour la ville de Paris, augmente
encore les moyens de surveillance et d'action attribués
à la commune et aux sections de Paris. Ces mesures
sont : l'enregistrement de tous les citoyens dans chaque section ; des cartes civiques délivrées par les pré-
sidents et les secrétaires de section ; la déclaration que
les citoyens doivent faire à la section, dans les vingt-
quatre heures de leur arrivée ; les mandats d'arrêt
toujours délivrés par l'autorité municipale ; enfin,
une réserve équipée et prête à marcher dans chaque
section.

« Telles étaient en droit et d'après les lois les attributions de la ville de Paris ; et dès lors on conçoit qu'à
cette immense délégation de pouvoirs soit attachée
une immense responsabilité. En fait, la commune de
Paris, loin de se restreindre dans l'exercice de ses attributions, les a poussées, dans ces temps, bien au
delà même des limites que la loi lui avait assignées...
Elle s'érigeait en rivale de la Convention, et des luttes
fréquentes s'élevaient entre elles, luttes dans lesquelles chacune se servait de ses moyens : la Convention de ses décrets, la Commune de l'insurrection. En

effet, l'on peut dire que la Commune avec les sections
qui la composaient, faisait, laissait faire ou compri-
mait l'insurrection à son gré : dès lors ne devait-elle
pas en être responsable?

« .... Ce fut au milieu de ces périls, en présence de
cette puissance et de cette vie insurrectionnelle des
sections, que fut décrétée la loi du 10 vendémiaire
an IV sur la responsabilité des communes... Cette loi,
si elle est applicable à Paris, a donc été faite pour le
Paris de l'an IV, le Paris tel qu'il était, tel que l'histoire et la législation nous le représentent aux époques funestes que j'ai rappelées. Mais cette loi, applicable à la redoutable commune de l'an IV, aura-t-elle
pu continuer à être applicable à la ville de Paris, après
que la loi lui aura retiré les terribles pouvoirs dont
elle a abusé et lui aura enlevé toute initiative d'action,
soit pour le désordre, soit pour sa répression?

« La loi du 28 pluviôse an VIII, sur l'administration
de la République, la soumet à un régime tout spécial.
La loi du 21 mars 1831 sur l'organisation municipale
maintient le même principe... A présent, comme en
l'an VIII, l'administration de la ville de Paris est par-
tagée entre deux préfets.

Les maires n'ont conservé qu'un petit nombre de
fonctions spéciales, notamment pour les actes de l'état
civil. Il suffit de lire l'arrêté du 12 messidor an VIII,
qui détermine les fonctions du préfet de police, pour
voir que la commune de Paris n'a plus aucun des pouvoirs que suppose nécessairement la loi de vendémiaire an IV. On peut remarquer spécialement les
articles suivants : « Art. 10. Il prendra les mesures
propres à prévenir ou dissiper les attroupements, les
coalitions d'ouvriers, les réunions tumultueuses ou

menaçant la tranquillité publique. » « Art. 35. Il a
sous ses ordres les commissaires de police et autres
agents de police. »

En résumé donc, le texte même de la loi de vendémiaire prouve qu'elle a cessé d'être applicable à la
ville de Paris. En effet, ses dispositions supposent nécessairement à l'autorité municipale les pouvoirs suffisants pour mettre à exécution les moyens qu'elle
prescrit pour assurer la police intérieure de chaque
commune. A cette époque, la commune de Paris avait
tous ces moyens; elle n'en avait même que trop ! Mais
aujourd'hui, soumise à des institutions administratives spéciales, elle n'en a plus aucun. La même responsabilité ne peut donc peser sur elle. Ce serait continuer l'effet après avoir retranché la cause : *Cessante
ratione legis, cessare quoque debet ejus dispositio.* La
loi de vendémiaire ne lui est donc pas applicable.

Ainsi conclut M. le procureur général Dupin. Sur
ces conclusions, la Cour de cassation, réunie en audience solennelle, rendit, le 15 mai 1841, un arrêt qui
déclare la loi du 10 vendémiaire an IV inapplicable
à la ville de Paris, considérée comme siége du gouvernement :

« Attendu, entre autres motifs, que l'application
aux communes de ce principe de droit naturel, qui
oblige chaque individu à réparer le dommage qu'il a
causé par son fait, son imprudence ou sa négligence,
suppose nécessairement une organisation qui laisse
aux communes la libre disposition de leurs moyens
de surveillance, d'action et de répression ; attendu
que l'arrêté des consuls du 12 messidor an VIII a con-
centré dans les mains du préfet de police de Paris
cette fraction d'autorité qui a pour objet le maintien de

la tranquillité publique, ainsi que la réquisition de la force armée ; attendu que le préfet de police est l'agent direct du gouvernement ; qu'il suit de là que c'est le gouvernement lui-même, et non un magistrat municipal, qui veille à Paris à la conservation de l'ordre public, et qui dispose seul de tous les moyens de surveillance, de prévention et de répression ; d'où il suit que l'arrêt attaqué qui, sans avoir égard à la position exceptionnelle de la ville de Paris, l'a déclarée responsable de faits que cette position ne lui laissait pas la possibilité, ni de prévenir, ni de réprimer, a commis un excès de pouvoir et violé les dispositions de la loi du 10 vendémiaire an IV » (1).

La doctrine de cet arrêt rencontra d'abord une forte résistance de la part des Cours d'appel ; mais elle finit par triompher et devint la base de la jurisprudence postérieure. Ajoutons qu'elle a été suivie par la majorité des auteurs (2).

Cependant cette doctrine a été vivement critiquée. Il est au moins étrange, a-t-on dit, que la ville pour laquelle la loi de l'an IV a surtout été faite, celle qui, en raison de sa situation particulière et de sa population considérable, est la plus exposée aux attroupements séditieux, que la ville, en un mot, où le zèle

(1) Cass., ch. réunies, 15 mai 1841, S. 41, 1, 373.

(2) Arrêts des ch. réun., Cass., 18 déc. 1843, S. 44, 1, 350. — 9 avril 1844, S. 44, 1, 317. — Cass., 14 janv. 1852, S. 52, 1, 97. — Dalloz, V° *Communes*, n° 2657 et la note. — Tribunal de la Seine, 10 déc. 1873, aff. du château de Bécon, *Gazette des tribunaux* du 11 déc. 1873. — V. Cormenin. V° *Communes*, t. 2, p. 87. — Foucart. El. de dr. admin., n° 1650. — Trolley. IV, n° 1952.

L'opinion contraire compte néanmoins des partisans : Dalloz. V₀ *Commune*, n° 2658. Sourdat. Traité général de la responsabilité, n° 1381 et s. — Ferraud-Giraud. Rev. de législation et de jurisprudence, 1852, t. II, p. 322.

des citoyens pour le maintien de la tranquillité publique a dû être le plus stimulé, se trouve être précisément celle à laquelle la loi ne soit pas applicable. En définitive, si la ville de Paris est soumise aujourd'hui à un régime municipal différent de celui de l'an IV, ce n'est pas une raison pour priver ses habitants des garanties que la loi de vendémiaire a établies sans distinction en faveur des habitants de toutes les communes de France.

Mais, comme il est impossible de méconnaître l'ingérence considérable du gouvernement dans la police de la ville de Paris, quelques auteurs ont proposé un système intermédiaire, d'après lequel l'Etat devrait partager avec la commune la responsabilité du dommage (1).

Ce système, contraire au texte et à l'esprit de la loi loi de vendémiaire, si équitable qu'il puisse paraître, n'en est pas moins arbitraire, et par suite ne saurait être accueilli par les tribunaux.

Toutefois, il importe de faire remarquer que le législateur, dans deux circonstances tout à fait exceptionnelles, crut devoir mettre à la charge de l'Etat une partie des dommages occasionnés à Paris par des troubles politiques.

Après la révolution de 1848, des commissions spéciales furent instituées pour régler les indemnités réclamées par les citoyens à raison des dommages éprouvés dans les journées de février et de juin (2). Un décret du Président de la République, en date du

(1) Dalloz. Loc. cit. — Sourdat. Loc. cit. — Valframbert. De la esponsabilité des communes, n. 27 et s.
(2) Décrets du 6 mars 1848 ; du 2 sept. 1850 ; du 5 déc. 1851.

24 décembre 1851, ouvre un crédit pour le paiement de ces indemnités. Le gouvernement motive cette résolution dans un préambule où il évite avec soin de se prononcer sur la question de la responsabilité de la ville de Paris :

« Considérant, porte ce décret, qu'aux termes de la loi du 10 vendémiaire an IV, les communes sont responsables des délits commis à force ouverte par des attroupements ou des rassemblements, ainsi que des dommages-intérêts auxquels ils donnent lieu ;

« Considérant, néanmoins, que la ville de Paris est dans une situation exceptionnelle, qui n'autorise pas d'une manière absolue à faire peser sur elle cette responsabilité ;

« Considérant que si l'Etat n'est soumis, à cet égard, à aucune obligation légale, il est conforme aux règles de l'équité et d'une saine politique de réparer des malheurs immérités et d'effacer autant que possible les douloureux souvenirs de nos discordes civiles ;

DÉCRÈTE : Il est ouvert au ministre de l'intérieur un crédit de cinq millions six cent mille francs, applicable à la liquidation des indemnités à accorder aux particuliers dont les propriétés ont souffert des dommages matériels par suite des événements de février et de juin 1848. »

L'insurrection du 18 mars 1871 vaincue, l'Assemblée nationale songea à la réparation des dommages causés aux propriétés, soit par les opérations des insurgés, soit par les mesures employées pour les combattre. Une première loi du 6 septembre 1871, dont l'objet principal est d'accorder un dédommagement aux victimes de l'insurrection allemande, dispose, dans son art. 4, « qu'une somme de six millions de francs est mise à la disposition des ministres des finances et de l'intérieur pour être répartie entre ceux qui ont le plus souffert des opérations d'attaque dirigées par l'armée française pour entrer dans Paris » (1).

La loi du 7 avril 1873 accorde à la ville de Paris une somme de 140 millions de francs. Moyennant cette allocation, la ville de Paris supportera :

« 1° Le paiement du solde des indemnités restant dues pour la réparation des dommages matériels causés à l'intérieur ou à l'entour de Paris par le fait des opérations militaires du second siége ;

« 2° La réparation des dommages matériels soufferts par les propriétés mobilières et immobilières de Paris et de ses alentours, et résultant de l'insurrection de 1871. (Art. 2.)

« Art. 4 : Le solde qui restera libre aux mains de ville, après que les paiements ci-dessus auront été effectués, représentera le dédommagement qui lui est accordé pour le surplus de sa réclamation.

« Art. 5 : Au moyen de l'allocation votée dans l'article 1er, la ville de Paris ne pourra exercer contre l'Etat aucune réclamation, tant à raison du remboursement du solde de la contribution de guerre de 200 millions que du remboursement de ses dépenses de guerre et des pertes qu'elle a subies par suite de l'insurrection du 18 mars 1871. »

Comme on le voit, cette loi constitue une transaction entre l'Etat et la ville de Paris. En droit, aucune responsabilité légale n'incombe à l'Etat; et nous savons que, d'après la jurisprudence, la loi de vendémiaire ne s'applique pas à la ville de Paris. Mais,

____

(1) V. *Journal officiel* des 6 et 7 sept. 1871.

comme en 1851, le législateur a pensé qu'il était équitable d'indemniser les victimes innocentes de l'insurrection. C'est pourquoi, tenant compte des circonstances particulières dans lesquelles les dommages ont été causés, il partagea entre l'Etat et la ville de Paris l'obligation de payer les indemnités.

Ce qu'il importe essentiellement de remarquer, c'est que le décret de 1851 et les lois de 1871 et 1873 ne contiennent pas le principe d'une responsabilité, mais bien la pensée d'une réparation équitable de malheurs immérités. Ces dispositions tout exceptionnelles n'apportent aucune modification à la législation antérieure; elles accordent, non pas une indemité proprement dite, ou des dommages-intérêts, mais seulement une sorte de secours spécial distribué par voie de répartition administrative. Il semble bien résulter de là que le règlement de ce secours appartient définitivement aux commissions administratives instituées à cet effet, et ne saurait être déféré aux juridictions de droit commun (1).

Tel est l'état de la jurisprudence et de la législation en ce qui concerne la ville de Paris. Quant aux autres communes, la loi du 10 vendémiaire an IV leur a été constamment déclarée applicable sans aucune distinction.

Cependant lorsque l'on considère l'organisation actuelle de nos municipalités, les maires nommés directement par le Gouvernement, la police, confiée autrefois aux autorités municipales, aujourd'hui placée sous les ordres des préfets et des sous-préfets, qui seuls dis-

(1) Trib. de la Seine, 10 déc. 1873, aff. du château de Bécon, *Gaz. des trib.* des 27 nov., 4, 5 et 11 déc. 1873.

posent de la force armée et de tous les moyens légaux
de prévention et de répression pour le maintien de
l'ordre public, n'est-on pas en droit de soutenir qu'en
présence d'une telle situation, la loi de vendémiaire
demeure sans application et doit tomber en désuétude?
Les principes mêmes que la Cour de cassation proclamait en 1841, pour démontrer l'inapplicabilité de la
loi de vendémiaire à la ville de Paris, conduisent logiquement à cette conséquence. « L'application aux
communes, disait alors la Cour suprême, de ce principe de droit naturel qui oblige chaque individu à réparer le dommage qu'il a causé par son fait, son imprudence ou sa négligence, suppose nécessairement
une organisation qui laisse aux communes la libre
disposition de leurs moyens de surveillance, d'action
et de répression. Le préfet de police est l'agent direct
du Gouvernement. Il suit de là que c'est le Gouvernement lui-même qui veille, à Paris, à la conservation
de l'ordre public et qui dispose de tous les moyens de
surveillance, de prévention et de répression. En conséquence, on viole la loi du 10 vendémiaire an IV
lorsqu'on déclare la ville de Paris responsable de faits
que son organisation ne lui laisse pas la possibilité,
ni de prévenir, ni de réprimer. » Dans l'état actuel de
nos institutions municipales, n'est-il pas évident que
ce motif s'applique aujourd'hui à toutes les commuues
aussi bien qu'à la ville de Paris, et réclame pour elles
la même solution?

On peut tout au moins s'étonner de voir la Cour de
cassation déclarer la loi de vendémiaire inapplicable
à la ville de Paris à cause de l'organisation exceptionnelle de sa municipalité, et refuser le bénéfice de
cette jurisprudence à la ville de Lyon, dont l'organi-

Choppard.   10

sation est entièrement semblable à celle de la ville de Paris.

Les motifs invoqués en faveur de la ville de Paris sont évidemment applicables à la ville de Lyon. Mais, a-t-on dit, si Paris a été exonéré de la responsabilité communale, cela s'explique par cette circonstance que Paris est le siége du Gouvernement, devant l'autorité duquel s'efface et disparaît l'autorité du représentant de la commune. Le préfet de police n'est que le représentant du pouvoir central à Paris. Le préfet du Rhône, au contraire, est dans l'intérêt de Lyon et non du Gouvernement ; il n'est véritablement que le maire de Lyon. Cette distinction, aussi subtile qu'inexacte, est loin de justifier la différence des deux solutions. Ne peut-on pas dire, en effet, qu'à Lyon comme à Paris l'autorité de la commune s'efface devant celle du Gouvernement, puisque c'est le Gouvernement, et non un magistrat municipal, qui veille au maintien de la sécurité publique ? Le préfet du Rhône n'exerce-t-il pas les mêmes fonctions que le préfet de police à Paris ? Il est comme lui l'agent direct du Gouvernement, comme lui il dispose entièrement des moyens légaux de prévention et de répression. Il y a donc mêmes motifs pour accorder à la ville de Lyon l'immunité accordée à la ville de Paris.

D'un autre côté, bien que Lyon ne soit pas comme Paris le siége du Gouvernement, la jurisprudence établie par l'arrêt de 1841 ne lui est pas moins applicable. Car, si dans cet arrêt la Cour de cassation mentionne cette circonstance que Paris est le siége du Gouvernement, ce n'est pas pour en tirer une raison directe de décider ; c'est uniquement pour expliquer comment et pour quel motif Paris a reçu et a dû recevoir une organisation spéciale qui ne laisse pas à la commune le pouvoir de prévenir et de réprimer les troubles. Cette impuissance de la commune est le véritable et l'unique motif sur lequel se fonde l'arrêt de 1841 pour déclarer la loi de vendémiaire inapplicable à la ville Paris. En décidant le contraire pour la ville de Lyon, dont la commune est frappée de la même impuissance, la Cour suprême s'est mise en contradiction avec sa propre jurisprudence (1).

SECTION II. — Conditions légales de la responsabilité des communes établie par la loi de vendémiaire.

Nous venons d'envisager dans son ensemble la loi du 10 vendémiaire an IV ; nous devons maintenant l'étudier dans ses détails. La première question à résoudre est naturellement celle de savoir dans quels cas est encourue la responsabilité qu'elle impose aux communes.

D'après le titre 1 de cette loi : « Tous citoyens habitant la même commune sont garants civilement des attentats commis sur le territoire de la commune, soit envers les personnes, soit contre les propriétés. » Cette disposition, assurément trop générale, est moins un article de la loi que l'énoncé du principe qui lui sert de base. C'est au titre 4 de la même loi que se trouvent précisées, dans des limites plus restreintes, les conditions légales de la responsabilité des communes (2).

(1) Req., 14 janv. 1852. D. 52, 1, 155. — Cass. civ., 18 août 1869. S. 70, 1, 153.

(2) Les dispositions des titres 2 et 3 sont étrangères à la responsabilité des communes.

Nous aurons d'abord à déterminer les conditions dans lesquelles la responsabilité des communes se trouve engagée aux termes de la loi de vendémiaire, et nous examinerons ensuite les exceptions que peuvent invoquer les communes pour échapper à cette responsabilité.

§ 1. — *Conditions dans lesquelles un acte dommageable doit avoir été commis pour engager la responsabilité des communes.*

L'article 1er du titre 4 formule ainsi ces conditions : « chaque commune est responsable des délits commis à force ouverte ou par violence sur son territoire, par des attroupements ou rassemblements armés ou non armés, soit envers les personnes, soit contre les propriétés nationales ou privées, ainsi que des dommages-intérêts auxquels ils donneront lieu. »

On voit, d'après cette disposition, qu'une commune n'est pas responsable indistinctement de tous les délits qui peuvent être commis sur son territoire. La loi de vendémiaire, en effet, loin d'étendre le principe de la responsabilité communale aux délits individuels et privés, l'a limité aux délits ayant un caractère collectif et public.

Trois conditions sont nécessaires pour que la commune soit responsable : il faut : 1° que le délit ait causé un dommage aux personnes ou aux propriétés ; 2° qu'il ait été commis par des attroupements ou rassemblements ; 3° à force ouverte ou par violence.

1° Il faut que le délit ait causé *un dommage aux personnes ou aux propriétés*.

Le mot *délit* étant général, et la loi de vendémiaire

n'en donnant aucune définition, il n'y a pas à distinguer entre les diverses espèces de dommages dont peuvent souffrir les personnes et les propriétés. Cette loi doit donc s'appliquer à tous les faits compris par le Code pénal sous les dénominations générales de *crimes et délits contre les personnes*, et *crimes et délits contre les propriétés* (1).

Des articles 1 et 2 du titre IV, il résulte clairement que, si aucun dommage n'a été causé aux citoyens, le trouble apporté à l'ordre public par des attroupements séditieux ne soumet la commune à aucune responsabilité.

2° Le délit qui a occasionné le dommage doit avoir été commis par *attroupements ou rassemblements*.

C'est la condition caractéristique de la responsabilité communale. Mais que faut-il entendre par attroupement ou rassemblement? Quel est le nombre de personnes nécessaire pour qu'une réunion ait ce caractère? A défaut de détermination précise fournie par la loi de vendémiaire, on peut s'en référer à certaines dispositions dans lesquelles le législateur explique ce qu'il entend par attroupement. C'est ainsi que la Cour de cassation, pour l'explication légale des termes de la loi de vendémiaire, renvoie à la loi 4, § 2. Dig., *de vi bonorum raptorum*, attendu qu'en l'an IV cette dernière loi était la seule qui définit le simple attroupement, et que, par conséquent, le législateur de cette époque est censé s'y être référé (2). La loi romaine exigeait au moins dix à quinze personnes pour qu'il y eût attroupement, et refusait ce caractère à une réunion de trois ou quatre personnes. Mais la loi du 3 août 1791, relative aux mesures à prendre pour la

(1) Code pénal, liv. III, tit. II. — Cass., 13 avril 1842. S. 42, 1, 294.
(2) Cass., 27 avril 1813, S. 20, 1, 471.

répression des attroupements, contient une définition plus précise. Dans son article 9, elle répute attroupements séditieux *tout rassemblement de plus de quinze personnes s'opposant à l'exécution de la loi.* De même le Code pénal du 25 septembre 1791 considère comme attroupement la *réunion de plus de quinze personnes résistant à l'autorité des pouvoirs constitués.*

Ces dispositions peuvent servir de règle aux tribunaux ; mais ils conservent néanmoins une certaine latitude d'appréciation qui leur permet de tenir compte des circonstances. Il a été jugé, en effet, que la question de savoir si une réunion d'individus, qui ont commis des dégâts sur le territoire d'une commune, a le caractère d'un attroupement dans le sens de la loi du 10 vendémiaire an IV, est une question de fait rentrant dans le pouvoir souverain des juges du fond (1).

3° Il faut, en outre, que le délit ait été commis par l'attroupement *à force ouverte ou par violence.* En d'autres termes, le délit doit avoir été commis par un attroupement ayant un caractère séditieux. Aussi, la loi de vendémiaire ne s'applique pas au cas d'occupation paisible d'un terrain appartenant à un tiers, ni au cas de travaux exécutés sans violence par les habitants de la commune, bien que cette occupation et ces travaux portent une atteinte illégale à la jouissance d'une propriété privée. Ces actes dommageables ne constituent que des délits purement privés, dont la réparation doit être poursuivie d'après les règles du droit commun (2).

(1) Toulouse, 22 fév. 1870. S. 72, 1, 224. — Orléans, 14 août 1851. D. 51, 2, 187. — Req., 14 fév. 1872. S. 72, 1, 224.

(2) Conseil d'Etat, 31 août 1829. — Cass., 13 nov. 1871. S. 71, 1, 233. — Comp. Bordeaux, 3 janv. 1839, D. 39, 2, 182, — Angers, 1er juin 1842. J. du P., S. 42, 2, 569.

Il faut que le dommage ait été causé à force ouverte ou par violence, mais il n'est pas nécessaire qu'il y ait eu résistance de la part de la personne lésée. Exiger comme condition nécessaire de la responsabilité communale le fait d'une résistance qui aurait été opposée à la violence, ce serait restreindre la généralité de la garantie que le législateur a formellement établie dans les cas qu'il a spécifiés. Cette restriction aurait pour conséquence de laisser sans défense les propriétés qui, soit par l'absence des propriétaires ou de leurs préposés, soit par la faiblesse ou l'impuissance des uns ou des autres, appellent plus particulièrement la protection publique (1).

Mais la loi de vendémiaire ne rend-elle les communes responsables que des dommages causés directement par l'attroupement séditieux? Ne sont-elles pas tenues aussi de réparer les dommages résultant des mesures employées pour disperser l'attroupement et combattre la sédition? Cette grave question divise les auteurs et la jurisprudence.

La Cour de cassation a décidé que la loi de vendémiaire s'appliquait à tous dommages occasionnés, soit par l'attroupement, soit même par sa répression, « attendu qu'en mettant à la charge des communes la réparation des délits contre les personnes et les propriétés, et les dommages-intérêts qui en résultent, la loi ne fait aucune distinction entre les pertes auxquelles ces délits ont donné lieu, et celles causées par les moyens employés pour la défense; que l'emploi de ces moyens étant nécessité par l'attaque en est

____

(1) Cass., 2 mai 1842. S. 42, 1, 566.

une conséquence et que les pertes qui en résultent ayant la même cause doivent être soumises aux mêmes règles » (1).

Cette décision rigoureuse nous paraît contraire au texte et à l'esprit de la loi de l'an IV. Cette loi ne rend expressément les communes responsables que des dégâts causés par l'attroupement, sans s'occuper des conséquences plus ou moins dommageables de la répression. Elle a voulu ainsi les exciter à employer tous les moyens nécessaires pour prévenir et réprimer les désordres ; mais l'emploi de ces moyens ne peut pas raisonnablement avoir pour effet d'aggraver leur responsabilité. Ce n'est pas à dire pour cela que dans notre système les communes ne soient pas tenues de réparer les dommages causés par la répression du désordre ; mais elles n'en devront du moins la réparation que d'après les règles du droit commun, et non aux conditions onéreuses établies par la loi de vendémiaire (2).

Enfin, une commune est responsable des délits commis sur son territoire par des attroupements, non-seulement lorsque ces attroupements sont formés de ses habitants, mais encore lorsqu'ils sont composés d'étrangers (3).

Une commune est même responsable des délits commis sur un territoire autre que le sien, lorsque

(1) Cass., 13 avril 1842. D. 42, 1, 215. — En ce sens, V. Sourdat, — n° 1409. — Dalloz. V° *Commune*, n° 2675. — Trib. de Marseille, 21 déc. 1872. S. 73, 2, 55.
(2) Rendu. Traité de la responsabilité des communes, n°⁵ 14 et 15.
(3) Cass., 24 juillet 1837. D. 37, 1, 430.

ses habitants y ont pris part. Pour cela, il n'est pas nécessaire qu'ils soient partis de chez elle en état d'attroupement et se soient transportés ainsi sur le territoire de la commune où le désordre a eu lieu ; il suffit qu'ils y aient contribué (1).

§ 2. — *Exceptions que peuvent invoquer les communes pour échapper à la responsabilité établie par la loi du 10 vendémiaire an IV.*

La responsabilité établie par la loi de vendémiaire est fondée sur la faute et la négligence des communes qui n'ont pas pris les mesures nécessaires pour empêcher le désordre. Il en résulte que les communes ne doivent encourir aucune responsabilité lorsqu'elles n'ont commis ni faute, ni négligence.

De là des exceptions :

Notamment les communes peuvent être déchargées de toute responsabilité lorsqu'elles se trouvent dans les conditions déterminées par la loi dans son art. 5 du tit. 4 ainsi conçu : « Dans les cas où les rassemblements auraient été formés d'individus étrangers à la commune, sur le territoire de laquelle les délits ont été commis, *et où* la commune aurait pris toutes les mesures qui étaient en son pouvoir à l'effet de les prévenir et d'en faire connaître les auteurs, elle demeurera déchargée de toute responsabilité. »

Ainsi, d'après cette disposition, une commune n'encourt aucune responsabilité : 1° lorsque ses habitants n'ont point pris part au désordre commis sur son

____

(1) Orléans, 14 août 1851. S. 51, 2, 772. — Req., 14 janv. 1852. D. 52, 1, 155. — 17 fév. 1852. D. 52, 1, 157. — 12 juillet 1852. D. 52, 5, 116.

territoire; 2° lorsqu'elle a employé tous les moyens en son pouvoir pour prévenir les rassemblements et en faire connaître les auteurs.

Ces deux conditions sont-elles exigées cumulativement ou chacune d'elles n'est-elle pas suffisante pour entraîner l'irresponsabilité de la commune? Cette importante question a reçu des solutions différentes dans la doctrine et la jurisprudence.

Et d'abord lorsque les délits ont été commis sur le territoire d'une commune par des attroupements exclusivement composés d'étrangers (1), cette commune est-elle déchargée de toute responsabilité, encore qu'elle n'ait point pris les mesures nécessaires pour prévenir ou réprimer le désordre? L'affirmative a été soutenue. Il serait inique, a-t-on dit, de faire supporter à une commune les conséquences d'une sédition née hors de son territoire, fomentée par des individus qui lui sont étrangers et sur lesquels elle n'a aucun pouvoir de surveillance (2). Telle n'est cependant pas l'opinion la plus généralement suivie. On a fait remarquer que la commune, ayant la police de son territoire, est tenue de s'opposer aux attroupements séditieux, quels que soient les individus qui les forment. Et d'ailleurs la preuve que la loi de vendémiaire a voulu rendre la commune responsable des désordres commis sur son territoire, même par des attroupements composés d'étrangers, c'est que dans

(1) Par *étrangers*, il faut entendre ici ceux qui ne sont ni en résidence, ni domiciliés sur le territoire de la commune. Toutefois les militaires en garnison dans une commune sont considérés comme lui étant étrangers. (Nîmes, 3 août 1837. S. 37, 2, 59. — Aix, 2 juin, 1832. S. 32, 2, 521.)

(2) Conclusions de M. le procureur général Dupin du 6 avril 1836.

l'art. 2 du tit. 4, elle augmente cette responsabilité et frappe la commune d'une amende « dans le cas où ses habitants y ont pris part. » Ainsi, alors même que les habitants d'une commune n'ont point participé au désordre dont son territoire a été le théâtre, cette commune n'échappera à la responsabilité du dommage causé que si elle justifie qu'elle a pris toutes les mesures en son pouvoir pour maintenir le bon ordre (1).

Mais le fait par la commune d'avoir pris contre la sédition toutes les mesures en son pouvoir est-il une condition suffisante pour la décharger de toute responsabilité ou faut-il en outre que les attroupements séditieux n'aient été composés que d'individus étrangers? En d'autres termes, lorsque les habitants d'une commune ont pris part aux attroupements séditieux réunis sur son territoire, cette commune est-elle nécessairement responsable du dommage causé sur son territoire par ces attroupements, alors même qu'elle a employé tous les moyens possibles pour prévenir ou arrêter la sédition?

La négative consacrée par plusieurs arrêts invoque des arguments assurément très-sérieux. D'après cette opinion, l'art. 5 du tit. 4 établit deux exceptions au principe de la responsabilité communale. Pour les énumérer il emploie, il est vrai, la conjonctive *et* au lieu de la disjonctive *ou*, mais c'est seulement pour éviter la dissonnance qui serait résultée de la répétition successive du mot *ou*. L'art. 8 du même titre confirme cette interprétation. Prévoyant le cas où

(1) Cass., 24 juillet 1837. S. 37, 1, 650. — Req., 17 fév. 1852. D. 52, 1, 157. — Orléans, 9 août 1850. S, 51, 2, 693. — En ce sens : Rendu, no 23. — Sourdat, n° 1385.

des ponts ont été détruits, il dispose que la responsabilité de la commune n'aura pas lieu dans le cas où elle justifierait avoir pris les mesures en son pouvoir pour prévenir l'événement, *et encore dans le cas où* elle désignerait les auteurs du délit tous étrangers à la commune. Ces deux conditions sont les mêmes que celles qui sont établies par l'art. 5. Il n'y a pas de raison pour les exiger cumulativement dans le cas prévu par ce dernier article, alors que chacune d'elles est reconnue suffisante dans le cas prévu par l'art. 8.

Enfin, cette interprétation de la loi de vendémiaire trouve sa confirmation dans les lois antérieures sur la matière, qui toutes ont décidé que la commune cessait d'être responsable à la seule condition d'avoir pris contre l'émeute toutes les mesures en son pouvoir. On sait que la loi de vendémiaire n'a fait que coordonner les dispositions éparses dans les lois antérieures pour former un ensemble de règles complet (1).

Deux arrêts de la Cour de cassation, rendus sur les conclusions conformes de M. le procureur général Dupin, ont admis cette opinion. Ils ont décidé que « la commune qui prouve avoir pris toutes les mesures en son pouvoir à l'effet de prévenir et de dissiper les rassemblements séditieux formés sur son territoire, et d'en faire connaître les auteurs, demeure déchargée de toute responsabilité à raison des dommages causés par ces rassemblements, soit que ceux qui en auraient fait partie fussent tous étrangers à la commune, soit qu'il s'y fût trouvé un certain nombre d'habitants de cette commune » (2). Cette

(1) V. ci-dessus p. 128.
(2) Cass., 6 avril 1836. D. 36,1,166.—Cass., ch. réu., 15 mai 1841.

décision se fonde sur le principe que nul n'est tenu de réparer le dommage qu'il n'a pu prévenir ou empêcher. La Cour de cassation n'a pas voulu reconnaître que, d'après la loi de l'an IV, la responsabilité de la commune avait pour cause, lorsque le délit avait été commis par des habitants de la commune, non pas la négligence de l'autorité municipale, mais une sorte de solidarité établie par la loi entre tous les habitants de la commune.

Mais telle n'est point l'opinion qui prévaut dans la doctrine et la jurisprudence. On reconnaît généralement que la commune est responsable des délits commis sur son territoire par des attroupements séditieux auxquels ont pris part ses habitants, alors même qu'elle a employé tous les moyens en son pouvoir pour prévenir et empêcher ces délits. L'art. 8, qu'invoque le système contraire, s'applique à un cas tout spécial; il ne peut donc pas prévaloir contre les termes formels de l'art. 5, qui rapproché de l'art. 2 paraît bien ne laisser aucun doute sur la solution de la question.

D'ailleurs, on fait remarquer que cette interprétation est conforme à l'esprit même de la loi de vendémiaire, qui dans le titre 1 déclare tous les citoyens habitant la même commune garants civilement des attentats commis sur son territoire. L'énoncé de ce principe indique bien que le but du législateur de l'an IV a été, non-seulement de stimuler la vigilance des autorités municipales, mais aussi d'exciter les citoyens à employer toute leur influence pour prévenir le désordre. Il résulte que la seule inaction des habi-

D. 41, 1, 252. — *Adde.* Cass , 24 avril 1821. — 27 juin et 5 déc. 1822. D. Alph. V° Commune, n° 2691, note.

tants d'une commune suffit pour engager sa responsabilité. Par conséquent et à plus forte raison la commune doit-elle être responsable, lorsque ses habitants
ont pris part au désordre qu'ils devaient réprimer.

Cette opinion, qui est enseignée par la majorité des
auteurs (1), a été suivie par la plupart des cours d'ap-
pal (2) et par la Cour de cassation elle-même (3). Ci-
tons notamment un arrêt récent de la Chambre civile
du 10 avril 1869, qui semble condamner implicitement
la théorie de l'arrêt de 1841. Il décide que « la loi de
vendémiaire, dans le but d'assurer la tranquillité publique en détournant les habitants d'une commune de
prendre part au désordre dont son territoire est le
théâtre et en les excitant à concourir à la répression,
déclare les communes responsables des délits commis
à force ouverte sur leur territoire par des rassemblements armés ou non armés, à moins que ces rassemblements n'aient été formés d'individus étrangers à la
commune sur laquelle les délits ont été commis, et
que la commune ait pris toutes les mesures qui étaient
en son pouvoir à l'effet de les prévenir ou d'en faire
connaître les auteurs » (4).

Ainsi, en résumé, d'après l'interprétation la plus généralement admise sur le sens de l'art. 5 du titre 4 de
la loi de vendémiaire, pour qu'une commune ne soit

(1) Sourdat, n° 1386. — Rendu, no 26. Dalloz. V° Commune,
no 2679 et 2688. — Foucart, n° 1649.

(2) Rennes, 18 janv. 1834. — Paris, 29 août, 22 nov. et 22 déc.
1834. D. 35, 2, 89. — Nimes, 3 août 1837. S. 37, 2, 59. — Orléans,
30 juin 1849. D. 49, 2, 145. — Orléans, 9 août 1850. S. 51, 2, 693.
— Lyon, 17 août 1849. D. 49, 3, 79. — Aix, 15 nov. 1853. D. 55,
2, 9.

(3) Req., 24 juillet 1837. D. 37, 1, 430. — Cass., 5 mars 1839. D.
39, 1, 123. — Req., 14 janv. 1852, D. 52, 1, 155 et s.

(4) Cass., ch. civ., 10 août 1869. D. 70, 1, 139.

pas responsable, il ne suffit pas qu'elle ait fait tout ce
qni était en son pouvoir pour prévenir et empêcher le
désordre, il faut encore que les rassemblements aient
été composés exclusivement d'étrangers.

Cette interprétation dans une certaine mesure rigoureuse a reçu un tempérament que comporte l'équité,
et que ne repousse pas le texte de la loi. Si le nombre
des habitants de la commune, qui ont pris part à un
attroupement séditieux, est relativement insignifiant,
on n'en doit pas tenir compte. C'est, du reste, une
question de fait laissée à l'appréciation souveraine des
tribunaux (1).

En dehors des cas spécialement prévus par l'art. 5,
les communes ont excipé de l'inapplicabilité de la loi
du 10 vendémiaire an IV, dans diverses circonstances
qu'il n'est pas sans intérêt de rappeler ici :

1° La responsabilité des communes est-elle engagée
quel que soit le but de l'attroupement, quelle que soit
la cause du désordre?

Pour la solution de cette question, il importe essentiellement de ne point perdre de vue le caractère de la
loi, ni la nature des délits qu'elle a voulu réprimer,
ni enfin la rigueur de ses dispositions qui ne permet
pas de les étendre à des cas non spécialement prévus.
« Cette loi n'entend pas transporter à la commune le
soin de la police ordinaire, ni charger les citoyens de
se protéger réciproquement contre les délits privés.
C'est le rassemblement séditieux, c'est la révolte contre l'autorité, c'est l'émeute qu'elle a en vue ; ce qu'elle
tend à réprimer par le moyen énergique qu'elle emploie, c'est l'attentat sortant des conditions ordinaires,

(1) Rej. ch. civ., 30 déc. 1824. — Dalloz, n° 2688. — Rendu, n° 29.

et ne menaçant plus seulement les individus, mais la sécurité de la commune, mais l'action régulière des pouvoirs publics, mais l'ordre social lui-même » (1).

La jurisprudence n'a pas toujours fait de ces idées une exacte application. En général, elle décide que les communes sont responsables de tous dommages causés par des attroupements, quel qu'en soit d'ailleurs le but ou la cause.

Ainsi il a été jugé par la Cour de cassation que l'article 1er du titre 4 de cette loi était applicable aussi bien au cas où les rassemblements formés dans un but inoffensif et licite, comme par exemple un spectacle public, sont devenus ensuite hostiles et dangereux, qu'à ceux qui sont tumultueux et menaçants au moment même de leur formation (2).

Cette solution est certainement fort contestable ; et les considérations présentées dans l'espèce en faveur de l'irresponsabilité de la commune méritent d'arrêter un instant notre attention.

Voici le fait : Une foule réunie pour un spectacle, mécontente, irritée par l'inexécution du programme annoncé, a dévasté le théâtre. A la suite de cette dévastation, l'entrepreneur du spectacle a intenté contre la ville une action en responsabilité. Cette foule constituait-elle un attroupement dans le sens de l'article 1er? Les faits par elle commis sont-ils de nature à faire encourir à la commune la responsabilité édictée par la loi de vendémiaire an IV ? Telle était la question soulevée devant la Cour de cassation.

Si l'on se reporte, a-t-on dit pour la justification du pourvoi, aux temps où la loi de vendémiaire a été rendue, aux circonstances qui l'ont motivée, on trouve

(1) Rendu, n° 10.
(2) Cass., ch. civ., 10 août 1869. S. 70, 1, 153 et la note.

que le législateur a eu exclusivement en vue les attroupements séditieux, qui se sont formés sous les yeux
de l'autorité municipale avec un caractère menaçant
pour l'ordre public et la sécurité générale. Il n'est pas
nécessaire sans doute que les rassemblements tumultueux aient un but politique, mais il faut que, dès
leur point de départ et leur formation, ils se soient
manifestés comme un danger public assez sérieux
pour que la vigilance de l'autorité municipale ait été
mise en éveil, c'est-à-dire que pour mettre en jeu la
responsabilité communale, le rassemblement doit
présenter ce double caractère de s'annoncer tout
d'abord comme menaçant pour la sécurité de la
commune et de s'être formé sur la voie publique.
Dans de pareils cas, la loi impute à l'administration
municipale de n'avoir pas réuni et opposé les forces
nécessaires pour dissiper l'attroupement et rétablir
l'ordre. Elle suppose que ces forces sont à sa disposition, et que c'est faute de prévoyance et de précautions suffisantes qu'elles sont restées impuissantes.

Mais, si cette présomption et cette imputation peuvent jusqu'à un certain point se justifier lorsque l'origine et le caractère de l'attroupement ont dû provo-
quer des mesures de précaution en rapport avec le
danger possible, elles ne seraient plus en toute autre
circonstance qu'une injustice qui ne trouverait plus
aucun prétexte dans la loi de vendémiaire an IV, ni
dans aucune autre.

Lorsqu'il s'agit, comme dans l'espèce, de désordres
commis dans une enceinte privée, dans un théâtre où
s'était rendue une foule qui, peu factieuse, paisible à
l'origine, n'est devenue tumultueuse et méchante, que

Choppard.   11

pour une cause personnelle à l'entrepreneur de spectacle, il est évident qu'on se trouve absolument en dehors de la loi spéciale. Nul, en definitive, ne peut répondre que de ce qu'il a le devoir d'empêcher. Or le devoir de l'administration municipale, en présence d'une réunion d'habitants paisiblement assemblés pour un spectacle dans une enceinte privée, n'était que de prendre les précautions et la surveillance d'usage dans les réunions de ce genre ; il n'était nullement nécessaire de faire un déploiement de forces, comme en eût nécessité la même foule attroupée avec des dispositions séditieuses sur la voie publique (1).

Malgré ces considérations, la Cour suprême, pour des motifs selon nous insuffisants, n'a pas admis l'exception et a rendu la commune responsable du dommage causé à l'entrepreneur. Elle s'est fondée sur la généralité du texte qui ne distingue pas le mode ou la cause de l'attroupement, et sur cette considération que la surveillance de l'autorité municipale doit se tenir prête à tous événements et aux désordres possibles dans les réunions nombreuses.

Ajoutons que, dans l'espèce, il y avait une autre raison de douter que la loi de vendémiaire fût applicable. La foule avait été réunie sur une convocation formelle de l'entrepreneur du spectacle. En n'exécutant pas le programme annoncé, cet entrepreneur ne s'est-il pas volontairement exposé au désordre qui en est résulté et qui n'a pas eu d'autre cause? Ne l'a-t-il pas en quelque sorte provoqué? Or est-ce bien contre un danger de ce genre que la loi de vendémiaire a voulu protéger les particuliers, alors qu'ils peuvent eux-

(1) Comparez un passage de Jousse cité plus haut, p. 78.

— 163 —

mêmes s'en préserver en proportionnant leurs promesses à leurs forces et à la possibilité des choses?
Les démêlés auxquels peut donner lieu l'inexécution
du contrat intervenu entre l'entrepreneur du spectacle et chacun des assistants, peuvent-ils raisonnablement tomber sous l'application des dispositions rigoureuses de la loi de l'an IV ? Assurément non. Que
les auteurs du désordre soient poursuivis : c'est justice. Le juge aura à apprécier les fautes réciproquement commises, et punira, comme elle le mérite, la
violence de ceux qui se vengent d'une déception sur
la propriété d'autrui. Mais la commune doit rester
étrangère à ce débat. Elle ne doit pas avoir à répondre des conséquences d'un désordre, dépourvu de tout
caractère séditieux, arrivé dans une enceinte privée
et uniquement provoqué par l'imprudence de celui
qui en a été la victime.

Mais cette raison aurait eu également peu de chan-
ces de réussir devant une jurisprudence qui considère
les communes comme tenues de réprimer toutes violences ayant la gravité d'une manifectation collective,
et qui repousse, comme inconcluante, cette circonstance que le désordre aurait été provoqué par ceux
qui s'en plaignent (1).

Toutefois il a été décidé que les membres de l'administration, qui par leur conduite répréhensible ont
amené des troubles dont ils ont eu personnellement
à souffrir, ne sont pas fondés à invoquer en leur faveur la responsabilité de la commune (2).

On a même été jusqu'à déclarer un maire respon-

(1) Nîmes, 3 août 1837. D. 38, 2, 10. — Bordeaux, 22 août 1839.
D. 40, 2, 81. — Cass., 17 juillet 1838. S. 38, 1, 629.
(2) Bordeaux, 19 mars 1834. D. 34, 2, 167.

sable, à l'exclusion de la commune, des accidents occasionnés par une manifestation bruyante, faite pour
célébrer sa nomination et qu'il aurait eu le tort d'encourager par sa présence (1).

2° Les considérations qui précèdent nous amènent à
résoudre l'importante question de savoir, si la loi du
10 vendémfaire an IV s'applique lorsque la sédition
est purement politique et a pour but le renversement
du gouvernement.

Suivant nous, cette circonstance ne doit point faire
disparaître la responsabilité des communes. La loi
de vendémiaire n'établit aucune distinction entre les
attroupements qui poursuivent un but politique et
ceux qui poursuivent un but de pillage et de dévastation. Pour s'en convaincre il suffit de se reporter aux
agitations politiques, à l'occasion desquelles fut voté
le principe de la responsabilité des communes.

On objecte que cette loi, faite pour assurer la *police
intérieure des communes*, n'a voulu prévenir que les
attentats contre les personnes et les propriétés ; que
dans les insurrections dirigées contre le gouvernement, les personnes et les propriétés n'étant plus
attaquées directement, l'action de la commune s'efface. Son intérêt disparaît absorbé dans l'intérêt
général ; ce n'est plus elle, c'est le gouvernement seul
qui répond du maintien de nos institutions (2).

Le but de la loi, a-t-on répondu avec raison, « fut
« de rendre chaque commune solidaire de la sécurité
« générale en arrêtant les désordres qui se manifes-

(1) Montpellier, 22 janv. 1873. S. 73, 2, 71.
(2) Cass., 6 avril 1836. D. 36, 1, 163. — Paris, 20 et 27 mars 1838
D. 38, 2, 128.

« raient dans son sein avant qu'ils pussent avoir une
« gravité menaçante pour l'Etat lui-même. Sans
« doute la loi ne s'occupe que de la police intérieure de
« chaque commune, et n'entend pas lui imposer la
« défense de l'Etat en cas de guerre civile. Mais la
« guerre civile n'éclate pas tout à coup avec son ter-
« rible caractère; elle peut n'être que le développe-
« ment et la conséquence de rassemblements sédi-
« tieux qui intéressent la police intérieure de la
« commune où ils prennent naissance avant de com-
« promettre l'ordre social tout entier. La loi de ven-
« démiaire ne s'est pas occupée de la guerre civile,
« mais elle a voulu forcer les communes à en étouffer
« les germes » (1).

3° Il est une autre circonstance dont les auteurs et
la jurisprudence ne paraissent pas avoir tenu compte,
et qui cependant nous semble de nature à faire écarter l'application de la loi du 10 vendémiaire an IV.
Nous voulons parler du *régime de l'état de siége*, auquel un département entier, ou même encore une
commune peut être soumise en vertu d'une décision
du pouvoir central ou de ses représentants. On sait
que la déclaration d'un département, d'une commune
en état de siége, a pour effet de faire passer à l'autorité militaire les pouvoirs dont les magistrats civils sont
investis pour le maintien de l'ordre et de la sécurité
publique. Sous ce régime l'autorité municipale n'a
plus aucune initiative en ce qui concerne la police
intérieure de la commune. Or, la loi de vendémiaire,

(1) Rendu, n° 19. — Sourdat, n° 1390. — Orléans, 8 fév. 1839. D.
39, 2, 217. — Trib. de Marseille, 21 déc. 1872. S. 73, 2, 55.

'en rendant les communes responsables des délits commis sur leur territoire suppose les municipalités investies de tous les pouvoirs nécessaires pour les prévenir et les réprimer. Dès lors ne doit-on pas décider que cette responsabilité cesse du moment où ces pouvoirs sont retirés aux municipalités? Ne serait-il pas inique en effet et contraire à l'esprit de la loi de vendémiaire de rendre les communes responsables de désordres dont la prévention et la répression incombent exclusivement à l'autorité militaire?

4° La loi de vendémiaire est-elle encore applicable lorsque des événements quelconques ont désorganisé la municipalité et privé la commune de sa représentation légale?

Des auteurs l'ont soutenu. Pour eux le principe de solidarité qui domine la loi de vendémiaire ne comporte aucune distinction; il a même été établi précisément pour ces époques troublées où les municipalités sont paralysées dans leur action. Le concours actif de tous les citoyens à la répression du désordre et à la réparation des dommages est surtout nécessaire lorsque les pouvoirs publics, ne fonctionnant plus régulièrement, sont impuissants à faire respecter les personnes et les propriétés. Décharger dans ce cas les communes de toute responsabilité serait aussi dangereux pour leurs habitants que contraire au vœu du législateur de l'an IV (1).

La jurisprudence et quelques auteurs ne l'ont cependant pas jugé ainsi. A la municipalité, a-t-on dit,

(1) Sourdat, n° 1387. — Dalloz. V° *Commune*, n° 2691. — Cour de cassation de Belgique, 15 juillet 1832. J, du P, 1832, p, 1276.

incombe directement le soin de prévenir et de réprimer les désordres ; les citoyens sont appelés à la seconder, mais non à la suppléer. La loi de vendémiaire suppose les communes organisées et ayant des moyens d'action généraux et efficaces ; elle suppose l'action régulière des institutions et toutes les garanties qui permettent au citoyen d'agir sous la protection des lois et avec le secours des autorités légales. Dès lors, lorsque les municipalités sont dans la désorganisation la plus complète, lorsque les lois sont sans force et les magistrats sans autorité, les communes se trouvent dans une situation extraordinaire que la loi de vendémiaire n'a certainement pas entendu régler (1).

Ces deux solutions nous paraissent trop absolues. Nous pensons qu'il y aurait lieu de distinguer suivant que la désorganisation du pouvoir municipal a été le résultat d'événements extérieurs, d'une invasion étrangère, ou d'une sédition intérieure soulevée dans la commune. Dans le premier cas la commune est fondée à invoquer l'exception de la force majeure, quand bien même ses habitants auraient pris part au désordre ou auraient profité de l'impuissance de l'autorité pour se livrer au pillage. Car dans ce cas, aucune faute, aucune négligence, n'est imputable à la commune dont la municipalité n'a cédé qu'à une force supérieure venue du dehors. Mais il doit en être tout autrement lorsque les troubles ont commencé dans le sein même de la commune et par le fait de ses habitants ; la municipalité est en faute de ne les avoir pas prévenus, de ne les avoir pas réprimés à leur début.

(1) Aix, 20 juin 1821. — Req., 27 juin 1822. — Req., 5 déc. 1822. S. Coll, nouv., 7, 1, 101. — *Adde*. Rendu, n° 35. — Lesellyer Traité de droit criminel, t. 2, n° 736,

La loi de vendémiaire est donc applicable alors même que l'émeute, triomphant des moyens employés pour la combattre, est arrivée à se substituer aux pouvoirs légalement établis. N'est-il pas injuste, en effet, qu'une commune, après avoir dans un jour d'égarement et d'effervescence renversé ses autorités et intronisé l'anarchie, trouve dans ce fait même une garantie, une cause d'excuse, pour les excès de tout genre auxquels ses habitants pourront se livrer?

4° On a encore soutenu que la loi de vendémiaire était inapplicable en temps de révolution générale.

Cette opinion a été consacrée par des arrêts de Cours d'appel et de la Cour de cassation, « attendu que la responsabilité établie contre les communes suppose qu'elles ont eu la possibilité légale de protéger les personnes et les propriétés; que cette possibilité n'existe plus lorsqu'une révolution instantanée agite une nation tout entière, et, brisant les liens qui l'unissent à son gouvernement, prive les autorités et leurs agents de la force et de l'appui réciproque qu'ils se doivent dans l'exercice de leurs fonctions. » (1).

A cette opinion on peut objecter, avec quelque raison, que le loi de vendémiaire a eu précisément en vue ces époques troublées où les autorités municipales demeurent impuissantes à réprimer les désordres qui compromettent la sûreté des personnes et des propriétés. Les grandes commotions politiques qui agitent le pays entier, loin de rendre inapplicable de plein droit la loi du 10 vendémiaire an IV, donnent un

(1) Bordeaux, 19 mars 1834. D. 34, 2, 167. — Orléans, 8 fév. 1839. D. 39, 2, 218. — Req., 11 mai 1836. D. 36, 1, 166.

degré d'utilité de plus à ses dispositions protectrices de la sécurité publique et de la propriété privée.

Ce sont ces considérations qui ont déterminé la Cour de cassation à revenir sur sa jurisprudence antérieure (1).

6° Toutefois il faut bien reconnaître que la loi de vendémiaire cesse d'être applicable lorsque l'insurrection prend les proportions d'une véritable guerre civile, lorsqu'il y a lutte entre l'autorité légitime et un gouvernement de fait accepté dans une autre partie du pays. Il y a alors de véritables armées en présence, et par suite les désastres, qui résultent de la lutte, rentrent dans la catégorie des *faits de guerre,* c'est-à-dire ne donnent lieu à aucune indemnité. D'ailleurs en se servant des mots *attroupement, rassemblement,* la loi indique elle-même qu'elle ne s'occupe pas des dégâts causés par une armée (2).

7° A plus forte raison doit-on décider que les communes ne sont point responsables des actes de dévastation et de pillage commis en temps de guerre par les troupes ennemies.

Mais l'irresponsabilité de la commune à raison des dégâts causés par l'ennemi ne va pas jusqu'à la dispenser de l'obligation d'indemniser le particulier qui a acquitté à lui seul les réquisitions imposées à la généralité des habitants. Il importe de bien distinguer ces deux ordres d'idées. Dans le premier cas l'irrespon-

(1) Req., 14 janv. 1852. S, 52, 1, 97. — *Com.* Aix, 15 nov. 1853. D. 55, 2, 9.
(2) Rendu. n° 20

sabilité de la commune tient à ce que le dommage provient d'un fait de force majeure. Dans le second cas, l'obligation pour une commune d'indemniser l'habitant, qui a satisfait à une réquisition de l'ennemi, découle en quelque sorte d'un quasi-contrat de gestion d'affaires s'établissant entre cet habitant et la commune. D'ailleurs l'équité exige que les charges imposées à une commune, comme conséquences de l'invasion étrangère, soient supportées par la généralité des habitants. Cela est d'autant plus équitable que dans ces circonstances les réquisitions, toujours directement faites par l'ennemi aux municipalités, sont ensuite adressées à des particuliers au nom et en vertu d'une autorisation de l'administration municipale. Il serait en effet souverainement injuste de faire peser ces réquisitions, souvent fort lourdes, exclusivement sur l'habitant qui, à raison de son commerce, de son industrie, on de la nature de ses propriétés, a été naturellement désigné pour les fournir.

Ainsi, en règle générale, les dommages causés par l'ennemi en temps de guerre ne donnent aux particuliers lésés aucune action en indemnité contre la commune sur le territoire de laquelle les actes dommageables ont été commis (1). Mais la commune doit indemniser les habitants qui ont été chargés par l'autorité municipale de satisfaire aux réquisitions de l'ennemi (2).

(1) Tribunal de Chartres, 2 août 1872. S. 72, 2, 281. — Paris, 19 juin 1874. Le *Droit* du 25 juin 1874. — Conseil d'Etat. 11 fév. 1824 (Moget). — Id., 27 avril 1825 (Doumerc). — Id., 9 juin 1830 (Porchot). — *Comp.* Ballot. Des effets de la guerre, p. 49. — Morin. Lois relatives à la guerre, t. 2, p. 46 et s.

(2) Tribunal de Gray, 29 août 1871. S. 71, 2, 76. — Rouen, 30 janv. 1872. S. 72, 2, 188. — Orléans, 8 mars 1872. S. 72, 2,

Après les désastres de 1870-1871, l'Assemblée nationale jugea équitable de faire contribuer la France
entière à la réparation des malheurs soufferts pour
elle par une partie de ses habitants. Par les lois des
6 septembre 1871 et 7 avril 1873, elle accorda à titre
de dédommagement aux départements envahis une
certaine somme prise sur les fonds du Trésor, pour
être appliquée « à la réparation de toutes les pertes
et de tous les dommages subis par le fait de l'invasion
par les individus, les villes, les communes et les départements » (1).

Il est hors de doute qu'il appartient souverainement
aux juges du fond d'apprécier l'exception de force
majeure invoquée par une commune, et de décider
en fait si, à raison des diverses circonstances que nous
venons d'examiner, la commune s'est trouvée dans
l'impossibilité matérielle de prévenir ou de réprimer
le désordre; une telle décision échapperait à la censure de la Cour de cassation (2).

Notons enfin que le particulier lésé qui intente
contre une commune une action en responsabilité,
aux termes de la loi de vendémiaire, n'a d'autre preuve
à faire, à l'appui de sa demande, que celle d'un préjudice par lui souffert et causé par un attroupement

188. — Angers, 20 juin 1872. S. 72, 2, 227. — *Contrà*. Conseil d'E-
tat, 16 nov. 1825 (Schrœngrun). — C'est à tort que cet arrêt considère les réquisitions de l'ennemi comme des faits de guerre.

(1) V. le rapport au ministre de l'intérieur sur la situation fi-
nancière des communes en 1871, par M. le conseiller d'Etat Du-
rangel, en date du 8 sept. 1873. *Officiel* du 24 sept. 1873.

(2) Req., 27 juin 1822. S. 22, 1, 428. — Req., 11 mai 1836. D.
36, 1, 166.

séditieux ; c'est à la commune à établir toutes les circonstances de nature à dégager sa responsabilité (1).

§ 3. — *Cas spéciaux prévus par la loi de vendémiaire.*

L'examen de ces cas spéciaux ne nous arrêtera pas longtemps. Les dispositions qui les concernent et qui modifient plus ou moins les règles générales posées par la loi de vendémiaire, ont reçu très-peu d'applications dans la pratique. On peut même dire sans se tromper qu'elles sont tombées en désuétude.

Les articles 7 et 8 rendent les communes responsables de la destruction des ponts et des routes; mais, comme ces actes présentent moins de gravité que les attentats prévus dans les articles précédents, les communes sont admises plus facilement à présenter des moyens d'excuse.

« Lorsque des ponts auront été rompus, dit l'art. 7, des routes coupées ou interceptées par des abattis d'arbres ou autrement dans une commune, la municipalité ou l'administration municipale du canton les fera réparer sans délai aux frais de la commune, sauf son recours contre les auteurs du délit. »

L'art. 8 ajoute : « Cette responsabilité de la commune n'aura pas lieu dans les où elle justifierait avoir résisté à la destruction des ponts et des routes, ou bien avoir pris toutes les mesures qui étaient en son pouvoir pour prévenir l'événement, et encore dans le cas où elle désignerait les auteurs, provocateurs et complices du délit, tous étrangers à la commune. »

(1) Metz, 5 juin 1833. D. 35, 2, 178. — Cass., 25 juillet 1837. D. 37, 1, 428.

Les articles 9, 10 et 11 déclarent encore tous les habitants d'une commune responsables, lorsque des cultivateurs tiendront leurs voitures démontées, ou n'exécuteront pas les réquisitions qui en seront faites légalement pour transports et charrois; lorsque des cultivateurs à part de fruits refuseront de livrer, aux termes du bail, la portion due aux propriétaires; lorsqu'un adjudicataire de biens nationaux aura été contraint, à force ouverte, par suite de rassemblements ou d'attroupements, de payer tout ou partie du prix de son adjudication à autres que dans la caisse des domaines et revenus nationaux; lorsqu'un fermier ou locataire aura également été contraint de payer tout ou partie de son bail à autres que le propriétaire. Dans tous ces cas, les habitants de la commune sont responsables, sauf leur recours contre les auteurs et complices des délits.

Ces dispositions, qui portent si fortement l'empreinte des temps où elles ont été rendues, n'ont été abrogées, il est vrai, par aucune loi postérieure; mais elles n'ont plus aujourd'hui d'application possible, les droits et les intérêts de chacun étant suffisamment protégés par nos lois civiles et pénales. C'est ce qui a fait dire à M. le procureur général Dupin, dans son réquisitoire du 6 avril 1836, « que ces dispositions sont implicitement abrogées aujourd'hui, tant par le bon usage que par le changement de situation » (1).

____

(1) En sens contraire : Rendu, nᵘ 38 *bis*. — Cass., 27 avril 1813. *Comp.* Toullier. Traité de droit civil, t. VI, n° 241.

SECTION III. — Nature et étendue de la responsabilité des communes.

La nature et l'étendue de la responsabilité des communes, à raison des délits commis par attroupement sur leur territoire, sont déterminées par les articles 1 et 6 du titre V, 2 et 3 du titre IV de la loi du 10 vendémiaire an IV. De ces articles, il résulte que les communes responsables peuvent être tenues d'une réparation principale, de dommages-intérêts et d'une amende.

1° *De la réparation principale.*—Elle consiste dans la restitution en nature des objets pillés ou enlevés, ou dans le paiement du prix de ces objets d'après l'évaluation fixée par la loi : « Tous les habitants de la commune, porte l'art. 1 du titre V, seront tenus de la restitution en même nature des objets pillés et choses enlevées par force, ou d'en payer le prix sur le pied du double de leur valeur au cours du jour où le pillage aura été commis » (1).

Cette disposition a en vue la restitution à la partie lésée des objets dont elle a été dépouillée, et, si cette restitution est impossible, la prestation d'objets de même espèce et de même qualité. Il est évident que cette faculté de rendre des objets de même espèce et

______

(1) .....*Leur valeur au cours du jour*..... Ces expressions visent surtout les choses dont la valeur est fixée par des mercuriales. Pour les autres choses, à défaut de cours du jour pouvant servir de base à l'évaluation de la réparation principale, on distingue le prix de fabrique et le prix de vente au consommateur, suivant que le propriétaire des objets pillés ou enlevés est fabricant de ces objets ou simple consommateur. (Paris, 29 août 1834. D. 35, 2, 89).

de même qualité que les objets enlevés ne peut s'appliquer qu'au cas où il s'agit de choses fongibles, c'est-à-dire de choses qui peuvent indifféremment se remplacer l'une par l'autre, comme des grains et autres denrées. Dans ce cas, peu importe au propriétaire dépouillé de recevoir des objets semblables, s'ils sont de même espèce, en même quantité et de même qualité. On comprendrait qu'il en soit autrement lorsqu'il s'agit d'une chose certaine et déterminée ; cette chose a pu acquérir une plus-value entre les mains de son propriétaire ; elle a sans doute pour lui une valeur d'affection. Il serait alors injuste de l'obliger à recevoir une chose de même espèce. Aussi, dans ce cas, la réparation due par la commune consistera dans le paiement du prix des objets pillés ou enlevés. Mais ce mode de réparation pouvait lui-même être désavantageux pour le propriétaire. C'est pourquoi, afin d'éviter que le prix ainsi payé ne fût inférieur à la valeur vénale actuelle de l'objet et à sa valeur d'affection, le législateur le fixa lui-même au double de la valeur de la chose, d'après le cours du jour où le pillage a été commis (1).

Ainsi la réparation principale dont la commune est tenue constitue pour elle une obligation alternative. Elle peut opter entre les deux modes de libération, mais elle doit faire connaître son option dès qu'elle est mise en cause et avant le jugement ; sans quoi elle serait condamnée au paiement du prix des objets pillés

______

(1) Il n'est pas vrai, comme on l'a soutenu, que cette évaluation ait été déterminée en l'an IV par la dépréciation du papier-monnaie et qu'elle ne doive pas avoir effet depuis le rétablissement de la monnaie métallique. (Cass., 1er juillet 1822. S. 22, 1, 352).

ou enlevés sur le pied du double de leur valeur (1).

On discute sur le point de savoir si la disposition de l'article 1 'du titre V de la loi de vendémiaire, qui fixe au double de la perte les restitutions dues par les communes responsables, s'applique seulement aux dégâts mobiliers ou si elle ne doit pas être étendue aux dégradations d'immeubles. Des cours d'appel ont jugé que cette prestation du double de la valeur de l'objet pillé n'était exigée que dans le cas de dégâts mobiliers, et que, en ce qui touche les dégâts immobiliers, la restitution ne devrait être fixée qu'à la valeur simple des réparations qu'ils entraînent (2).

Mais la Cour de cassation repousse toute distinction. Elle décide que l'évaluation de la réparation principale, fixée par l'article 1 du titre V, s'applique alors même que les objets pillés ou détruits sont des immeubles. En effet, le législateur de l'an IV a voulu protéger contre les conséquences de la sédition aussi bien les propriétés immobilières que les propriétés mobilières (3).

2° *Des dommages-intérêts.*—Outre la réparation principale qui consiste dans la restitution de l'objet pillé ou de son prix, les communes responsables sont encore tenues de payer des dommages-intérêts au propriétaire des objets pillés ou détruits, pour l'indemniser

____

(1) Req., 97 juin 1817. — Ch. civ., 24 juillet 1837. S. 37, 1, 657. — Orléans, 30 juin 1849. S. 51, 2, 689.

(2) Paris, 29 août 1834. D. 35, 2, 90. — Paris, 19 déc. 1835. S. 35, 2, 97. — Colmar, 20 déc. 1854. S. 54, 2, 750. — Colmar, 28 mars 1855. S. 35, 2, 385. — Trib. de Marseille, 21 déc. 1872. S. 73, 2, 55.

(3) Cass., 13 avril 1842, S. 42, 1, 294.

du préjudice que lui a causé la privation de ces objets
pendant un certain temps.

La loi de vendémiaire a également fixé une estimation de ces dommages-intérêts. L'article 6 du titre V
porte : « Les dommages-intérêts ne pourront jamais
être moindres que la valeur entière des objets pillés
et choses enlevées. » C'est un minimum dont les juges
ne peuvent s'écarter (1).

Il résulte des articles 1 et 6 du titre V que, si la réparation principale, au lieu de se faire par la restitution en nature des objets pillés, s'opère par le paiement
du prix au double de leur valeur, le propriétaire lésé
ayant droit, en outre, à des dommages-intérêts qui ne
peuvent être moindres que la valeur de ces objets,
recevra en totalité le triple de cette valeur.

Le caractère excessif de ce résultat a soulevé des
critiques, et des efforts ont été faits pour l'atténuer. On
a vainement cherché à limiter la portée des articles 1
et 6 (2). La loi est formelle, et la jurisprudence l'a appliquée dans toute sa rigueur (3).

3° *De l'amende.* — La responsabilité des communes
établie par la loi de vendémiaire n'est pas purement
civile ; elle est aussi pénale. Les communes ont été
rendues responsables du trouble apporté à la sécurité
publique, non-seulement envers les parties lésées,
mais encore envers l'Etat. Cette responsabilité envers
l'Etat, qui soumet les communes à une amende dont

(1) *Comp.* Cass., 4 déc. 1827. — Paris, 29 août 1834. D. 35, 2, 89.
(2) Dalloz. V° Commune, n° 2737 et s.
(3) Cass., 24 juillet 1837. D. 37, 1, 428. — Cass., 17 juillet 1838.
D. 38, 1, 321. — Grenoble, 27 jnin 1832., J. du Palais, p. 1212. —
Montpellier, 16 mars 1840. D. 40, 2, 155.

Choppard.   12

le taux est fixé par la loi, n'est pas encourue toutes les fois qu'elles sont déclarées responsables envers les personnes lésées. En effet, l'article 2 porte : « Dans le cas où les habitants de la commune auraient pris part aux délits commis sur son territoire par des attroupements et rassemblements, cette commune sera tenue de payer à la République une amende égale au montant de la réparation principale. »

La loi a voulu punir la généralité des habitants d'une commune pour leur participation au désordre. La preuve de cette participation incombe à l'Etat, lorsque l'amende est réclamée devant les tribunaux (1). Mais hâtons-nous de dire que les tribunaux ne condamnent plus les communes à cette amende, qui figure dans la loi moderne comme un vestige des anciennes pénalités appliquées aux communautés d'habitants.

SECTION IV. — Des personnes activement ou passivement intéressées à la responsabilité établie par la loi de vendémiaire.

Les personnes intéressées à la responsabilité établie par la loi de vendémiaire se divisent en deux classes :

1º Celles auxquelles appartient l'action en responsabilité ;

2º Celles sur lesquelles pèse la responsabilité.

§ 1. — *Personnes auxquelles appartient l'action en responsabilité.*

L'action en responsabilité résultant de la loi du 10 vendémiaire an IV, ou plutôt le droit à une réparation civile, appartient à tout individu lésé, soit dans

(1) Metz, 5 juin 1833. D. 35, 2, 178.

sa personne, soit dans sa propriété, par le fait de l'attroupement séditieux.

Ce principe, est posé dans l'article 6 du titre 4 ainsi
conçu : « Lorsque, par suite de rassemblements ou attroupements, un individu, *domicilié ou non* sur une
commune, y aura été pillé, maltraité ou homicidé,
tous les habitants seront tenus de *lui payer, ou en cas
de mort à sa veuve ou à ses enfants, des dommages-intérêts.*

Ainsi la partie lésée n'a pas pas besoin d'être domi-
ciliée dans la commune, où a eu lieu l'attroupement,
pour avoir droit à une réparation civile. La résidence
de fait n'est pas davantage nécessaire. La loi a entendu
protéger tout individu voyageur ou passant qui, étant
accidentellement sur le territoire d'une commune, est
victime d'un désordre là où il doit trouver sécurité et
protection.

Mais si pour l'exercice de l'action en responsabilité
la qualité d'habitant n'est pas nécessaire, en est-il de
même de la qualité de Français ? En d'autres termes,
l'étranger, qui en France a éprouvé un dommage par
le fait d'un attroupement séditieux, a-t-il droit à des
réparations civiles aux termes de la loi de vendémiaire ?

Pas de difficulté pour les étrangers autorisés à
établir leur domicile en France. Ceux-là ont la jouissance des droits civils et peuvent par conséquent bé-
néficier des dispositions de la loi de vendémiaire.
Quant aux étrangers qui n'ont pas obtenu cette autorisation, la question a été vivement controversée.

On a soutenu, et un arrêt de la Cour de Metz a décidé que l'étranger non autorisé à établir son domicile en France ne saurait se prévaloir des dispositions

de la loi de vendémiaire, à moins de justifier qu'en vertu des traités de sa nation, les Français résidant chez elle y jouissent des mêmes garanties que celles qu'il réclame en France. En outre, il résulte des articles 1 du titre 1, et 9 du titre 5, que la responsabilité communale ne pèse que sur les citoyens, sur les individus domiciliés dans la commune, et que par suite les étrangers non autorisés à établir leur domicile en France en sont nécessairement exempts. Dès lors il serait souverainement injuste d'accorder à l'étranger le bénéfice d'une loi dont il ne supporterait pas les charges, et de rendre les Français responsables vis-à-vis de lui, alors qu'il ne pourrait pas l'être vis-à-vis d'eux (1).

Cette opinion a été repoussée par la doctrine et la jurisprudence. Elle devait l'être. En effet, comme l'a si justement déclaré la Cour de cassation (2), la loi de vendémiaire, établie dans l'intérêt de l'ordre public et de la sécurité générale, est une loi de police et de sûreté qui, obligeant tous ceux qui habitent le territoire, leur assure une juste réciprocité de protection. « Il est de la dignité de la France que les lois de cet ordre ne soient sur son territoire impunément violées par qui que ce soit, au détriment de qui que soit » (3). Ainsi, l'étranger, bien que non autorisé à établir son domicile en France, peut demander en vertu de la loi de vendémiaire la réparation de tout préjudice causé à

(1) Metz, 1ᵉʳ août 1832. S. 32, 1, 485. — Lesellyer. Traité de droit criminel, nᵒ 746.

(2) Cass., 17 nov. 1834. D. 34, 1, 416. — Comp. Conseil d'Etat, 28 nov. 1845.

(3) Art. 3 du Code civil. — Exposé des motifs par Portalis. Locré I, p. 579. — MM. Aubry et Rau, I, § 78, p. 296.

sa personne ou à sa propriété par les violences d'un attroupement séditieux (1).

Il n'est pas sans intérêt de rapprocher de ce qui précède un passage d'une circulaire de M. le ministre de l'intérieur, en date du 12 décembre 1871, relative à la répartition des indemnités accordées aux victimes de la guerre par la loi du 6 septembre de la même année. Ce document ajoute un argument de plus à l'opinion que nous venons d'exposer. « En principe, dit-il, la doctrine qui consiste à faire participer les étrangers aux mesures de réparation accordées aux nationaux n'a rien que de conforme au droit des gens et à l'esprit de justice distributive des sociétés modernes. Cette doctrine d'ailleurs n'a pas seulement le mérite d'être libérale; au point de vue politique, elle a aussi des avantages. Nous avons souvent à réclamer des indemnités à l'étranger en faveur des nationaux qui ont eu à souffrir des conséquences des guerres intérieures ou extérieures. En admettant les étrangers chez nous à prendre part aux indemnités actuelles, nous donnons à nos réclamations chez eux un point d'appui dont nos agents diplomatiques peuvent tirer utilement parti. »

L'art. 6 précité accorde l'action en responsabilité contre la commune à tout individu lésé, ou en cas de mort à *sa veuve et à ses enfants*. Comment doit-on entendre cette disposition? Est-elle limitative, et crée-t-elle un droit exclusif au profit de la veuve et des enfants de la victime?

On l'a soutenu en se fondant sur le caractère exceptionnel et sur les termes restrictifs de la loi. Les au-

(1) Rendu, n° 53. — Sourdat, n° 1397.

tres parents, tels que le père et la mère de la victime, ne peuvent agir contre la commune, mais seulement contre les auteurs de l'attentat conformément au droit commun (1).

L'opinion contraire semble prévaloir. Elle s'appuie sur les articles 1 du Code d'instruction criminelle et 1382 du Code civil, qui posent en principe le droit à une réparation pour toute personne ayant éprouvé un préjudice d'un délit. La loi de vendémiaire, bien loin de déroger à ce principe, n'a fait au contraire que s'y référer. Elle rend la commune responsable à raison de sa négligence à réprimer le désordre. Or, cette négligence suffit pour donner à toute personne intéressée une action en dommages-intérêts contre la commune.

On objecte en vain les termes de l'art. 6. Cet article n'a d'autre but que celui d'établir, en faveur de la veuve et des enfants, une présomption légale qui leur assure une réparation civile, sans qu'ils aient à justifier du préjudice que leur a causé la mort de leur époux ou de leur père. Quant aux autres parents, s'ils veulent réclamer à la commune des dommages-intérêts, ils en ont le droit, mais ils devront faire la preuve du préjudice qui est résulté pour eux de la mort de leur parent (2).

Les agents de la force publique envoyés pour combattre l'émeute peuvent-ils invoquer le bénéfice de la loi de vendémiaire, lorsqu'ils ont éprouvé un dommage dans l'accomplissement de leur devoir? Ce droit

(1) Cass., 3 vendémiaire an X . — Dalloz. V⁰ Commune, n⁰ 2704. — Sourdat, n⁰ 1394.

(2) Rendu, n⁰ 35 et s. — Foucart. Droit adm., III, p. 108.

leur a été reconnu par la jurisprudence (1). Toutefois on ne peut s'empêcher de voir dans cette décision une extension que la loi ne comporte pas. Les agents de la force publique, en effet, sont par état autant que par devoir voués à tous les sacrifices qu'entraîne l'accomplissement de leur mission. Des récompenses et des pensions leur sont accordées pour les indemniser des services qu'ils ont rendus, des dommages qu'ils ont soufferts pour la chose publique ; mais celle-ci ne leur doit pas l'indemnité particulière qui n'a été établie qu'en faveur des simples citoyens.

§ 2. — *Personnes sur lesquelles pèse la responsabilité.*

Le principe est que chaque commune répond des délits commis sur son territoire par des attroupements. Cette responsabilité donne lieu à trois actions différentes :

1° A l'action directe de la partie lésée contre la commune ;

2° A une action en contribution de la part de la commune condamnée contre les communes dont les habitants ont pris part au désordre ;

3ⁿ A une action en recours de la part des habitants de la commune responsable contre les auteurs du délit.

L'action directe de la partie lésée est dirigée contre la commune sur le territoire de laquelle le dommage a été causé. Si l'attroupement qui a occasionné le dom-

(1) Cass., 8 brumaire, an VII. — Rennes, 8 ventôse an X. — Bruxelles, 9 déc. 1849.

mage n'était composé que des habitants de cette commune, seule elle est responsable.

Mais que décider lorsque les habitants de plusieurs communes ont pris part au désordre? D'après l'article 3 du titre 4 : « Si les attroupements ou rassemblements ont été formés d'habitants de plusieurs communes, toutes seront responsables des délits qu'ils auront commis, et contribuables tant à la réparation et dommages-intérêts qu'au paiement de l'amende. » De cette disposition il résulte incontestablement que les communes responsables sont tenues de répartir entre elles le montant des condamnations prononcées, et que la partie lésée peut agir simultanément contre chacune d'elles. Mais l'action peut-elle être formée pour le tout contre chaque commune, sauf recours de la partie condamnée contre les autres? ou la partie lésée ne peut-elle agir pour le tout que contre la commune sur le territoire de laquelle le désordre a eu lieu?

Cette question a reçu des solutions différentes en jurisprudence.

Il a d'abord été jugé que le demandeur devait diviser son action entre les communes responsables, et ne pouvait poursuivre chacune d'elles que pour sa part et portion seulement (1). Mais cette solution a été écartée comme donnant au demandeur une position d'autant plus défavorable qu'un plus grand nombre de communes auraient pris part au désordre.

Un autre système déclare les communes solidairement responsables des suites des désordres auxquels leurs habitants ont pris part, et par suite donne à la partie lésée une action pour le tout contre chacune

(1) Toulouse, 1er août 1835. D. 36, 2, 86.

des communes responsables. Ce système se fonde sur les termes généraux de la loi de vendémiaire qui rend les communes responsables des délits commis par leurs habitants. Il se fonde aussi sur le principe de droit commun contenu dans l'article 55 du Code pénal, et d'après lequel les co-délinquants, quelque part qu'ils aient prise au délit, sont tenus solidairement des amendes, des restitutions et des dommages-intérêts (1).

Ce système, appuyé sur des arguments dont on ne saurait se dissimuler l'importance, n'a cependant pas prévalu en jurisprudence. La Cour de cassation a formellement décidé que la commune, sur le territoire de laquelle ont eu lieu les attroupements, devait être condamnée pour le tout, sauf à exercer son recours contre les autres communes responsables, sans que la partie lésée fût tenue d'appeler ces dernières en cause (2).

Ainsi la commune qui a payé intégralement le montant de la condamnation a un recours contre les autres communes responsables à raison de la participation de leurs habitants au désordre. Mais ce recours, conformément à l'artice 3 du titre 4, ne pourra avoir lieu que pour la part contributoire de chaque commune.

D'après quelles bases se déterminera cette contribution? Ici encore plusieurs systèmes ont été proposés. L'un, le plus simple, mais aussi le moins équitable, consiste à répartir par portions égales entre les

(1) Riom, 19 déc. 1843. S. 44, 2, 151. — Lyon, 31 mai 1889. — Orléans, 9 août 1850. S. 51, 2, 693.

2) Req., 4 déc. 1827. — Cass., 17 juillet 1838. D. 38, 1, 321.

communes le montant de la condamnation. Un autre prend en considération le nombre des délinquants appartenant à chaque commune et le degré de culpabilité des individus et des communes (1).

Mais le système qui a paru le plus rationnel et le plus équitable est celui qui, tout en tenant compte de la culpabilité plus ou moins grande de chaque commune résultant du nombre de ses habitants qui ont pris part au désordre et des efforts qu'elle a faits pour s'y opposer, prend, comme base proportionnelle de la répartition, la somme des contributions directes payées par chaque commune, somme qui est évidemment en rapport avec le nombre et les facultés des habitants. De cette façon, la contribution mise à la charge des habitants est la même dans chaque commune, et les imposés contribuent tous dans une mesure égale à la réparation du dommage (2).

Ce système de répartition, si juste qu'il soit, n'est cependant pas obligatoire pour les tribunaux qui peuvent en adopter un autre sans encourir la censure de la Cour de cassation (3).

C'est la commune, personne civile, qui est chargée de répondre à l'action en responsabilité. Elle représente ses habitants entre lesquels se répartira le montant des condamnations prononcées. Cette répartition, d'après l'article 9 de la loi, doit se faire entre les *domiciliés*. Par ce mot, il faut entendre tous ceux qui ont dans la commune, sinon un domicile légal, du moins un domicile de fait, les soumettant au paiement d'une contribution directe. Quant aux étrangers, nous

(1) Lyon, 5 juillet 1850. S. 52, 1, 97.
(2) Riom, 19 déc. 1843. S. 44, 2, 151.
(3) Rej., 14 janv. 1852. D. 52, 1, 157.

avons vu que la loi de vendémiaire, étant une loi de
police et de sûreté, leur est applicable dans toutes ses
dispositions, dès qu'ils habitent le territoire. Il suffit
donc qu'ils paient une contribution pour être compris
dans la répartition prescrite par l'article 9. Ils doivent, en effet, supporter les charges de la loi de vendémiaire, comme ils peuvent en réclamer les bénéfices.

Mais les condamnations prononcées contre la commune ne doivent pas être supportées définitivement
par tous les habitants de la commune qui, responsables envers la partie lésée du désordre qu'ils devaient empêcher, ont cependant, en vertu d'un principe de droit commun, une action en recours contre
les auteurs et complices de ce désordre, et même
contre toutes les personnes civilement responsables
du fait des coupables aux termes de l'art. 1384 du
Code civil. Cette action récursoire est d'intérêt privé.
Elle n'est donnée par l'art. 4 du tit. 4 qu'aux « habitants de la commune ou des communes contribuables
qui prétendraient n'avoir pris aucune part aux délits,
et contre lesquels il ne s'élèverait aucune preuve de
complicité ou participation aux attroupements.» Seuls
ils peuvent l'exercer contre ceux qui ont participé au
pillage. Ainsi, le maire n'a pas qualité pour agir en
leur nom (1). Mais, comme il est facile de le com-
prendre, ce recours est souvent illusoire ; de sorte
qu'en fait, sinon en droit, la réparation du dommage
pèse sur tous les habitants de la commune, sauf sur
les coupables.

(1) Req., 17 fév. 1852. D. 52, 1, 158

SECTION V. — Procédure spéciale établie par la loi de vendémiaire.

La loi de vendémiaire a créé une procédure spéciale, destinée à faciliter aux parties lésées la poursuite des réparations auxquelles elles ont droit. Elle a donné au ministère public une action d'office, soumise à des formes et des conditions exceptionnelles et indépendante de l'action que la partie lésée peut exercer dans les formes ordinaires. Ces deux actions sont portées devant le tribunal civil.

§ 1. — *Action d'office du ministère public.*

Les règles concernant cette action sont tracées dans les art. 2, 3, 4 et 5 du tit. V, ainsi conçus :

Art. 2. « Lorsqu'un délit de la nature de ceux exprimés aux articles précédents aura été commis sur une commune, les officiers municipaux ou l'agent municipal seront tenus de le faire constater sommairement dans les vingt-quatre heures, et d'en adresser procès-verbal, sous trois jours au plus tard, au commissaire du pouvoir exécutif près le tribunal civil du département (1); les officiers de police de sûreté n'en seront pas moins tenus de remplir à cet égard les obligations que la loi leur prescrit.

Art. 3. « Le commissaire du pouvoir exécutif près l'administration du département (2) dans le territoire

____

(1) Aujourd'hui le procureur de la République.

(2) Aujourd'hui le préfet. — La loi du 4ᵉ jour complémentaire an XI investit également le préfet du droit exclusif de poursuivre contre les communes la réparation des délits commis contre les

duquel il aurait été commis des délits à force ouverte et par violence, sur des propriétés nationales, en poursuivra la réparation et les dommages-intérêts devant le tribunal civil du département.

Art. 4. « Les dommages-intérêts dont les communes sont tenues, aux termes des articles précédents, seront fixés par le tribunal civil du département sur le vu des procès-verbaux et autres pièces, constatant les voies de fait, excès et délits.

Art. 5. « Le tribunal civil du département réglera le montant de la réparation et des dommages-intérêts, dans la décade, au plus tard, qui suivra l'envoi des procès-verbaux. »

Ces dispositions contiennent plusieurs dérogations au droit commun.

Ainsi, l'action d'office du ministère public n'a pas seulement pour objet de requérir, au nom de l'État, la condamnation à l'amende, mais aussi de faire prononcer contre la commune, au profit de la partie lésée, les réparations et dommages-intérêts.

Dans cette procédure exceptionnelle, la commune n'a pas besoin d'être autorisée pour pouvoir valablement ester en justice (1); aucun exploit d'ajournement ne saisit le tribunal où les parties intéressées ne sont même pas appelées (2).

Mais à quel moment le tribunal est-il saisi de l'action intentée par le ministère public? La loi ne le

bureaux des douanes et les personnes ou les propriétés des préposés.

(1) Loi du 18 juillet 1837, art. 51 et 54. — Cass., ch. réun., 28 janv. 1826. S. 26, 1, 292. — *Contra.* M. Reverchon. Des autorisations de plaider, nᵒ 17.

(2) Cass., 4 juillet 1834. D. 34, 1, 296. — Avis du Conseil d'Etat du 20 sept. 1821.

dit pas, et cependant il est de la plus grande importance que le point de départ de la litispendance soit
exactement déterminé. On a prétendu, et il a même
été jugé que la litispendance datait de la réquisition
du ministère public (1). Il paraît plus rationnel d'en
fixer le point de départ à l'envoi des procès-verbaux
constatant les délits. A partir de la réception de ces
pièces, que l'autorité municipale est tenue d'adresser
au ministère public dans les trois jours, celui-ci est
mis en demeure d'agir, et cette mise en demeure du
seul agent qui poursuive doit opérer litispendance (2).

La loi exige que, dans les vingt-quatre heures du
délit, des procès-verbaux soient dressés par les officiers municipaux ; et c'est le caractère de flagrant
délit ainsi constaté qui justifie une forme de procédure aussi sommaire. Faut-il en conclure que le ministère public ne peut agir d'office à défaut de procès-
verbaux dressés par l'autorité municipale? On l'a soutenu en invoquant le texte de l'art. 2. Mais cette
opinion est repoussée par les termes de l'art. 4, d'après
lequel les dommages-intérêts doivent être fixés sur
le vu des procès-verbaux et *autres pièces*. C'est en se
fondant sur ces expressions que le Conseil d'État, par
un avis du 5 floréal an XIII, a déclaré que, « lorsqu'une
commune est dans le cas de responsabilité, le procès-
verbal des officiers municipaux n'est pas absolument
indispensable pour l'application de cette responsabilité. »

Toutefois, il est nécessaire que les délits soient
constatés par des pièces écrites dressées par des offi-

(1) Toulouse, 5 mars 1822.
(2) Rendu, n° 72. — Cass., 19 nov. 1821.

ciers revêtus d'un caractère public. La preuve contraire est admise contre les énonciations contenues dans ces pièces ou procès-verbaux, lorsqu'ils émanent d'officiers dont les actes ne font pas foi jusqu'à inscription de faux.

Cette procédure exceptionnelle a été établie, autant dans l'intérêt de la partie lésée que dans le but de stimuler le zèle de l'autorité municipale et des citoyens par la crainte des condamnations qu'un magistrat influent pouvait requérir contre eux. Mais il importe de constater que le ministère public a rarement fait usage de l'action d'office que lui confère la loi de vendémiaire, l'action directe de la partie lésée ayant paru garantir suffisamment la réparation du dommage éprouvé.

§ 2. — *Action directe de la partie lésée.*

La loi de vendémiaire n'a établi des règles spéciales que pour l'exercice de l'action d'office accordée au ministère public. Il en résulte que l'action de la partie lésée reste soumise aux règles du droit commun.

Cette action s'introduira par une assignation donnée en la forme ordinaire au représentant légal de la commune.

Mais est-il nécessaire d'adresser préalablement au préfet, comme l'exige l'art. 51 de la loi du 18 juillet 1837, un mémoire exposant les motifs de la réclamation? Cette question est controversée.

L'affirmative est généralement suivie. On fait remarquer, avec quelque raison, que, quand la partie lésée engage de son chef une instance contre la commune responsable, elle exerce une instance purement privée, dans son intérêt seul. La loi se borne à poser le principe de cette action sans soumettre son exercice à aucune forme spéciale. Il en résulte que la partie lésée, qui se propose d'agir directement contre la commune, doit se conformer au droit commun en provoquant, par le dépôt au préfet d'un mémoire préalable, la décision du Conseil de préfecture qui doit autoriser la commune à ester en justice (1).

A cette doctrine on oppose la jurisprudence de la Cour de cassation qui, en matière de responsabilité communale, écarte la nécessité d'une autorisation administrative pour agir contre la commune, par la raison que cette formalité, entraînant des lenteurs, est inconciliable avec la célérité requise par la loi de vendémiaire. Il importe d'observer que cette opinion s'appuie sur des arrêts rendus sous l'empire de la législation antérieure à la loi du 18 juillet 1837 (2).

Tous les moyens ordinaires de preuve sont admis (3), et les parties peuvent même, sans violer le principe qui veut que le criminel reste sans influence sur le civil, puiser la preuve, soit de la participation des habitants de la commune au pillage, soit de leur inaction, dans l'instruction criminelle dirigée contre les auteurs du pillage.

Il est hors de doute que le ministère public peut

(1) Sourdat, no 1419. — M. Reverchon. Autorisation de plaider, n° 17. — Dalloz, n° 2763. — Foucart. III, n° 1657. — Toulouse, 5 mars 1822.

(2) Rendu, n° 79.— Cass., 19 nov. 1821. — Ch. réun., 28 janvier 1826. D. 26, 1, 116. — Cass., 14 juillet 1837. S. 37, 1, 661.

(3) Req., 4 déc. 1827.

(4) Orléans, 30 juin 1849. D. 49, 2, 145. — Orléans, 14 août 1851. D. 51, 2, 187.

requérir l'amende sur l'instance engagée par la partie lésée (1).

§ 3. — *Voies de recours contre les jugements en matière de responsabilité communale.*

Les jugements rendus en matière de responsabilité communale sont susceptibles des voies ordinaires de recours. La partie lésée et la commune peuvent se pourvoir par voie d'appel, d'opposition, de requête civile ou de recours en cassation. Dans ces différents cas, les délais courent suivant les règles du droit commun. Leur point de départ sera la signification qui peut être faite par la partie intéressée, alors même que le jugement aurait été rendu sur l'action d'office du ministère public.

Quant à la compétence dn tribunal de première instance, le taux du dernier ressort se déterminera par la somme du montant de l'amende et des réparations civiles demandées.

Ajoutons que les habitants étant tenus directement du paiement des condamnations prononcées contre la commune, il s'ensuit qu'ils ont le droit d'agir en leur nom personnel pour faire réformer le jugement qui les prononce (2).

§ 4. — *Mode d'exécution des condamnations prononcées contre la commune responsable.*

Comme nous avons déjà eu occasion de le dire, les condamnations, bien que prononcées contre la com-

(1) Metz. 12 mars 1833. D. 34, 2, 210.
(2) Cass., 14 pluviôse an X.

Choppard.

mune, ne tombent pas à la charge de la caisse municipale, mais se répartissent directement entre les
habitants.

Un mode particulier de recouvrement et de répartition avait été établi par la loi de vendémiaire dans
ses articles 8, 9, 10, 11 et 12 du titre V, ainsi conçus :

Art. 8. « La municipalité ou l'administration municipale sera tenue de verser les dommages-intérêts
à la caisse du département dans le délai d'une décade ; à cet effet elle fera contribuer les vingt plus
forts contribuables résidant dans la commune.

Art. 9. « La répartition et la perception pour le
remboursement des sommes avancées seront faites
sur tous les habitants de la commune, par la municipalité ou l'administration municipale du canton,
d'après le tableau des domiciliés, et à raison des
facultés de chaque habitant.

Art. 10. « Dans le cas de réclamation de la part
d'un ou de plusieurs contribuables, l'administration
départementale statuera sur la demande en réduc-
tion.

Art. 11. « A défaut de paiement dans la décade,
l'administration départementale requerra une force
armée suffisante, et l'établira dans les communes
contribuables, avec un commissaire pour opérer le
versement de la contribution. »

Art. 12. « Les frais du commissaire du département
et de séjour de la force armée, seront ajoutés au
montant des contributions prononcées, et supportés
par les communes contribuables. »

Ces mesures rigoureuses, et notamment le paiement
dans les dix jours par les vingt plus forts contribuables, sous peine de voir la commune occupée par la

force armée, ne sont plus en harmonie avec les formes
actuelles du recouvrement des impôts. Aussi l'autorité administrative elle-même n'a-t-elle pas hésité à
les considérer comme implicitement abrogées par la
législation ultérieure sur les impositions extraordinaires (1).

§ 5. — *Prescription de l'action en responsabilité contre la commune.*

Après avoir tracé les règles concernant l'exercice de
l'action en responsabilité contre les communes, on
est tout naturellement conduit à se demander pendant combien de temps cette action peut être utilement intentée, en d'autres termes, par quel laps de
temps elle se prescrit. La loi de vendémiaire n'ayant
fixé, à cet égard, aucune règle, aucun délai, on ne
peut que s'en référer aux principes du droit commun
en matière de prescription.

En droit civil, les faits dommageables, ou, pour
mieux dire. les délais purement civils, donnent lieu,
aux termes des articles 1382 et suivants, à une action
en responsabilité soumise à la prescription ordinaire
de trente ans (Art. 2262 du Code civil).

En droit pénal, les faits qualifiés crimes ou délits
donnent lieu à deux actions : l'action publique pour
l'application de la peine au coupable, et l'action ci-

(1) Bulletin officiel du ministère de l'intérieur, 1867, p. 552. —
Avis du Conseil d'Etat, 25 janv. 1822. — Conseil d'Etat, 22 avril
1858 (Coquelin). — Les lois du 28 avril 1816 (art. 28 et 32); du
15 mai 1818 (art. 39 et s.); du 18 juillet 1837 (art. 30 et 39) règlent
le mode d'après lequel les impositions extraordinaires doivent
être assises et recouvrées dans les communes.

vile pour la réparation du dommage causé. Or le système de la loi, par rapport à la durée de l'action civile, est de l'associer à l'existence de l'action publique, de telle sorte qu'en général elles naissent et s'éteignent en même temps. Ainsi l'action civile se prescrit toujours par le délai fixé pour la prescription de l'action publique, c'est-à-dire par dix ans s'il s'agit d'un fait qualifié crime, ou par trois ans s'il s'agit d'un fait qualifié délit. Enfin la même règle s'applique à l'action en responsabilité civile. Cette action, dirigée contre toute personne civilement responsable d'un délit, doit nécessairement être soumise à la même prescription que l'action dirigée contre l'auteur même du délit et dont elle n'est en réalité que l'accessoire. D'ailleurs, on ne comprendrait pas qu'il en fût autrement, et la raison autant que l'équité répugnerait à admettre que la personne civilement responsable d'un délit fût exposée à des poursuites, alors que le coupable serait à l'abri de toute recherche et même de tout recours de la part de cette personne (1).

A quel délai doit-on soumettre l'action en responsabilité établie par la loi de vendémiaire? Est-ce au délai de prescription fixé par la loi civile? Est-ce au délai de prescription fixé par la loi pénale? La solution dépend du caractère des délits dont la loi de l'an IV a rendu les communes responsables. Or, on remarque que la responsabilité communale, telle qu'elle est organisée par cette loi, n'existe qu'à l'égard de faits qui présentent le caractère de crimes ou délits proprement dits, soit contre les personnes, soit contre les propriétés. On doit donc nécessairement en con-

____

(1) Art. 2, 637, 638, Code d'instruction criminelle.

clure que l'action en responsabilité contre une commune se prescrit par dix ou trois ans, suivant que les faits qui y on donné naissance constituent des crimes ou des délits.

Cette solution a été contestée. L'action civile en responsabilité dirigée contre la commune, a-t-on dit, est l'accessoire, non pas de l'action publique contre les auteurs du dommage, mais de l'action publique spéciale qui, aux termes de la loi de vendémiaire, appartient au ministère public contre la commune, et qui tend à la faire condamner au paiement d'une amende. Cette action publique et l'action civile de la partie lésée sont toutes deux portées devant le tribunal civil. Or l'action en recouvrement des amendes qui sont de nature à être prononcées par le tribunal civil, ne se prescrit que par trente ans. L'action civile étant, quant à sa durée, associée à l'action publique, doit donc être soumise à la prescription trentenaire conformément aux règles du droit civil (1).

Cette opinion méconnaît le véritable caractère de l'action en responsabilité établie par la loi de vendémiaire contre les communes. Cette action en responsabilité, qui tend à faire payer par la commune la réparation du dommage au lieu et place des délinquants, se rattache virtuellement à l'action civile qu'aurait la partie lésée, et par suite à l'action publique que la loi pénale donne contre les coupables. Elle est donc bien l'accessoire de l'action publique dirigée contre les auteurs directs du délit.

On ne saurait d'ailleurs considérer la poursuite de l'amende comme une action publique dont l'action

(1) Merlin. Quest. Vº Prescription, sect. 3, § 9, nº 2.

en responsabilité serait l'accessoire. C'est le contraire qui est vrai, puisque l'amende n'est prononcée qu'avec la condamnation au profit de la partie lésée, et d'après une quotité égale au montant de la réparation principale.

La jurisprudence a consacré définitivement cette doctrine. Elle déclare que la règle des art. 637 et 638 du Code d'instruction criminelle, d'après laquelle l'action civile en réparation du dommage résultant d'un crime ou d'un délit se prescrit par le même laps de temps que l'action publique, ne s'applique pas seulement au cas où l'action civile est intentée simultanément avec cette action, mais aussi au cas où elle est intentée séparément devant le tribunal civil; que cette identité de la durée de la prescription s'applique même au cas où l'action civile se trouve être, en vertu d'une loi spéciale, de la compétence exclusive des tribunaux civils; qu'en conséquence il y a lieu de décider que l'action en responsabilité dirigée contre les communes à raison des pillages et dévastations commis sur leur territoire par des attroupements, se prescrit par dix ans si le pillage a le caractère de crime, et par trois ans s'il a le caractère de délit (1).

L'introduction de l'action devant le tribunal aura nécessairement pour effet d'interrompre la prescription. Cet effet sera produit par la présentation au préfet du mémoire préalable, ou par l'envoi au ministère public des procès-verbaux dressés par l'autorité municipale, suivant que c'est la partie lésée qui agit directement, ou que c'est le ministère public qui agit

____

(1) Angers, 15 juillet 1850. D. 50, 2, 109. — Lyon, 4 avril 1851, D. 52, 2, 34. — Ch. civ. rej., 14 mars 1853. D. 53, 1, 83. — Cass., 6 mars 1855. D. 55, 1, 84. — Req., 28 févr. 1855. D. 55, 1, 343.

d'office. Il suffit même, d'après l'art. 637 du Code d'instruction criminelle, que des actes d'instruction et de poursuite aient été faits. Par conséquent la rédaction des procès-verbaux, qui sont certainement des actes d'instruction et de poursuite, interrompt la prescription de l'action en responsabilité dirigée contre une commune.

CONCLUSION.

Nous touchons au terme de notre travail. Nous
avons recherché dans la législation romaine et dans
notre ancien droit les précédents historiques de la
responsabilité communale. Nous avons tracé les règles
qui la régissent actuellement. La loi du 10 vendémiaire an IV a fait plus particulièrement l'objet de
notre étude; nous avons fait connaître les circonstances au milieu desquelles elle a été rendue, défini
ses dispositions, indiqué les conditions de son application et ses voies d'exécution.

Cette loi, qui rend tous les habitants d'une commune responsables des délits commis par attroupement sur son territoire, et même dans certains cas
de délits individuels, a été l'objet des plus vives critiques, et la question de son abrogation a été souvent
agitée. C'est par l'exposé de ces critiques, par l'examen de cette question, que nous nous proposons de
conclure.

De graves reproches ont été de tout temps adressés
aux dispositions rigoureuses de la loi du 10 vendémiaire an IV. Sous la Restauration, Manuel, se faisant
l'interprète des communes, l'a vivement critiquée à
la tribune de la Chambre des députés. Mais aucun
auteur n'a attaqué cette loi avec autant d'énergie que
Toullier. « On ne s'étonne point, s'écrie-t-il, de trouver une loi si évidemment contraire à toute notion

de justice dans le Code d'un peuple encore barbare. Mais, si l'expérience n'avait point démontré à quels écarts peut entraîner l'esprit de parti, soutenu par le pouvoir, jusqu'à quel point il peut égarer et aveugler les esprits d'ailleurs les plus éclairés, on serait frappé de surprise en voyant cette loi barbare renouvelée dans le siècle tant vanté de la philosophie, dans le xviiie siècle, où le flambeau de la raison, après avoir brillé d'un éclat si vif, semblait éteint par l'anarchie et par les troubles civils.

« En voyant l'injustice de ces dispositions, un sentiment d'indignation s'élève dans le cœur de l'homme paisible, sans cesse exposé à se voir ruiné pour réparation d'un délit commis souvent pendant la nuit, pendant qu'il dormait, et à une telle distance de son habitation que, même pendant le jour, il n'eût pu en avoir connaissance.

« Faisons des vœux pour voir retrancher cette loi de notre législation, comme nous désirerions pouvoir arracher de nos annales les pages où se trouve écrite l'histoire des excès qui l'ont précédée et amenée. »

Si passionnées que soient ces critiques, elles ne sont cependant pas sans fondement. Aussi, certains auteurs, reculant devant l'application d'une loi si manifestement contraire au principe de l'imputabilité des fautes, ont-ils soutenu, non sans quelque raison, qu'elle n'avait plus de nos jours aucune force légale.

En effet, la loi du 10 vendémiaire an IV est si fortement empreinte des événements au milieu desquels elle a été rendue, qu'il y a lieu de s'étonner de la voir encore debout dans notre législation. Édictée dans un temps de crises politiques, n'a-t-elle pas tous les caractères d'une loi de circonstance ? Ses dispositions

rigoureuses, faites en présence d'une situation violente, ont-elles raison d'être à une époque où la tranquillité publique est garantie par le jeu régulier des
institutions ? N'ont-elles pas disparu avec les motifs
qui les ont inspirées, avec les temps orageux qui les
ont vues naître ?

Cette opinion trouve presque sa confirmation dans
les travaux législatifs antérieurs à la loi de vendémiaire. Nous savons que cette loi n'est que la mise
en œuvre du principe posé par l'Assemblée nationale
dans le décret du 23 février 1790. Or, le projet, qui
donna naissance à ce décret, n'a été présenté par le
comité de législation que comme « une mesure provi-
soire » (1). On peut encore citer le préambule du décret du 21 octobre 1789, rendu pour combattre les
mêmes dangers : « Ces temps de crise, porte-t-il, nécessitent *momentanément* des moyens extraordinaires
pour maintenir la tranquillité publique et conserver
les droits de tous » (1). Rien ne prouve que le législateur de l'an IV, en développant les principes posés
dans les décrets du 21 octobre 1789 et du 23 février
1790, ait voulu enlever à ces principes leur caractère
exceptionnel et transitoire, pour leur donner une sanction définitive et permanente.

D'ailleurs, il faut remarquer que les dispositions
de la loi de vendémiaire ne sont plus en harmonie
avec les institutions municipales de notre époque. Le
texte même de cette loi suppose à l'autorité municipale
les pouvoirs suffisants pour mettre à exécution les
moyens qu'elle prescrit en vue d'assurer la police in-

(1) Histoire parlementaire de la Révolution française, t. 4, p. 349.
(2) V. *Supra*, p. 121.

térieure·de chaque commune. La responsabilité qu'elle
impose aux communes, toute rigoureuse qu'elle est,
pouvait donc être justifiée à une époque où les magistrats municipaux, élus par les citoyens, avaient
l'exercice de la police et les pouvoirs nécessaires pour
maintenir l'ordre et prévenir les délits.

Mais, sous le régime municipal inauguré par la loi
du 20 janvier 1874, il en est tout autrement ; la nomination des magistrats municipaux appartient au gouvernement de la manière la plus absolue, et le soin
de veiller à la sécurité publique est confié à ses propres agents. Peut-on dès lors, sans injustice, rendre
les communes responsables de la conduite de fonctionnaires qu'elles n'ont plus le droit de nommer et
leur faire supporter la réparation des délits qu'elles
n'ont plus le pouvoir de prévenir ou de réprimer ?

A ces considérations viennent s'ajouter des arguments d'un autre ordre. L'abrogation tacite de la loi
du 10 vendémiaire an IV paraît bien résulter des lois
postérieures, qui ont édicté de nouvelles mesures pour
réprimer les rassemblements séditieux, sans parler
de la responsabilité des communes.

Notamment le Code civil, dans ses articles 1382 et
suivants, a réglé les cas de responsabilité civile en
matière de délits et de quasi-délits, sans faire revivre
les dispositions de la loi de l'an IV. Cette loi serait
donc tombée sous le coup de la loi du 30 ventôse
an XII, qui dispose que toutes les lois antérieures à
celles qui sont l'objet du Code civil sont abrogées.
Enfin, le Code pénal paraît avoir manifestement consacré l'abrogation de la loi de l'an IV. Dans de nombreux articles (1), il règle la répression des *crimes et*

(1) Code pénal, art. 91 et s., 109 et s., 209 et s., 440, 479.

délits, des pillages et rébellions commis par bande ou attroupement, soit envers les personnes, soit contre les propriétés nationales ou privées, et ne prononce aucune responsabilité contre les communes sur le territoire desquelles ces actes se sont accomplis. On objecte que le Code pénal a seulement statué au point de vue de la peine réservée aux auteurs des crimes et délits, et notamment au point de vue des réparations civiles, et que, loin d'avoir abrogé la loi de vendémiaire, il s'y réfère implicitement. C'est une erreur; le Code pénal statue sur les réparations civiles; car, dans son article 74 il dispose que, dans tous les cas de responsabilité civile qui pourront se présenter dans les affaires criminelles, correctionnelles ou de police, les cours et tribunaux, devant qui ces affaires seront portées, se conformeront aux dispositions contenues dans les articles 1382 et suivants du Code civil.

Ainsi, ni dans le Code pénal, où sont écrites les peines contre les délits commis par attroupements, ni dans le Code civil, qui contient les règles sur la responsabilité civile, ni dans l'un ni dans l'autre de ces Codes, on ne trouve rappelées les dispositions de la la loi du 10 vendémiaire an IV. N'est-on pas en droit d'en conclure que cette loi a été tacitement abrogée?

Si puissantes que soient toutes ces considérations, elles n'ont convaincu qu'un bien petit nombre d'auteurs. Tout en reconnaissant que des modifications utiles pourraient être apportées à la loi de vendémiaire, on pense que cette loi n'a été, ni expressément, ni tacitement abrogée. Une loi, a-t-on dit, ne perd pas sa force obligatoire par cela seul que les circon-stances exceptionnelles au milieu desquelles elle a été rendue ont cessé d'exister. Son abrogation tacite ne saurait résulter de la cessation de ses motifs, ou de la disparition de l'ordre de choses en vue duquel elle a été faite Ce n'est que par une fausse application de la maxime : *Ratione legis cessante, cessat lex,* qu'on a voulu soutenir le contraire : la loi ne peut être abrogée que par la loi (1).

Quoi qu'il en soit, dans la pratique la loi du 10 vendémiaire an IV est considérée comme étant encore en vigueur de nos jours. Toutefois, il importe de faire remarquer qu'un grand nombre de ses dispositions ne sont plus appliquées : les habitants d'une commune ne sont plus déclarés responsables, lorsque des cultivateurs tiennent leurs voitures démontées, ou n'exécutent pas les réquisitions qui leur en sont faites pour transports et charrois; lorsque des cultivateurs à part de fruits refusent de livrer, aux termes du bail, la portion due aux propriétaires; lorsqu'un fermier ou locataire a été contraint de payer tout ou partie du prix de son bail à autres que le propriétaire. Le paiement par la commune du double de la valeur des objets pillés n'est plus exigé; l'amende au profit de l'État n'est plus prononcée; la précipitation dans le jugement n'est plus observée; les vingt plus forts contribuables ne sont plus obligés d'avancer le montant des condamnations; la force armée n'est plus envoyée dans les communes contribuables pour assurer le versement de la contribution. Malgré ces nombreuses dérogations partielles à la loi de vendémiaire, son abrogation tacite n'a jamais été reconnue par la jurisprudence. Bien plus, trois avis du conseil d'Etat des 13 prairial an VIII, 5 floréal an XIII et 29 mai

(1) MM. Aubry et Rau. I, §§ 29 et 40. — Demolombe, I, § 129.

1839, indiquent des mesures pour son application. Enfin, un décret du Président de la République, du 24 décembre 1851, qui accorde une indemnité aux victimes des insurrections de février et de juin 1848, invoque cette loi dans un de ses considérants; et un autre décret, en date du 22 janvier 1852, la déclare exécutoire dans toutes les colonies.

Vouloir lutter contre un système appuyé sur de tels actes, défendu par une doctrine et une jurisprudence si résolues, serait aussi téméraire qu'inutile. C'est pourquoi certains jurisconsultes, tout en admettant les raisons invoquées en faveur de l'abrogation tacite de la loi du 10 vendémiaire an IV, se sont bornés à déclarer que « si cette loi n'était pas abrogée, elle devrait l'être (1). »

Mais si la loi de vendémiaire doit disparaître de notre législation, la responsabilité communale ne doit-elle pas lui survivre? Nous le pensons. Cette responsabilité, réorganisée sur de nouvelles bases, renfermée dans de justes limites et combinée avec les nécessités d'une politique prévoyante, peut devenir une institution utile et équitable.

Parmi les différents systèmes qui ont été proposés, le moins contestable, à notre avis, est celui qui fonde la responsabilité communale sur une sorte d'assurance mutuelle, établie par la loi entre tous les habitants de la commune, contre les dangers des troubles publics. Le vrai principe, en effet, n'est pas d'intimi-

---

(1) Duvergier. Collection des lois, an IV, t. 2, p. 369, note 1. — Il n'est pas sans intérêt de remarquer que, dès l'année 1824, le roi de Prusse a suspendu l'exécution de la loi du 10 vendémiaire an IV dans ses provinces rhénanes régies par la législation française. (Revue étrangère, t. I, p. 444.)

der les communes, mais tout simplement d'assurer l'indemnité à la victime d'une calamité publique, dont les conséquences doivent équitablement être supportées par tous au lieu de retomber sur un seul (1).

Il peut y avoir des doutes sur la valeur de ce système et sur les moyens de l'organiser, il peut même y avoir des divergences sur l'institution qui doit succéder à la loi du 10 vendémiaire an IV; mais il ne peut y avoir qu'un avis sur la nécessité évidente d'une nouvelle organisation de la responsabilité communale, plus en rapport avec notre législation et nos institutions municipales.

(1) Voy. une savante note de M. Gaston Griollet, insérée dans le Répertoire de Dalloz (1870, 1, 193). — Gastambide. Revue étrangère et française, t. V, p. 321. — Comparez les considérants d'un arrêt de la Cour d'Aix du 15 nov. 1853. D. 55, 2, 9.

TABLE DES MATIÈRES.

Choppard.   14

ANCIEN DROIT.

De la responsabilité des communautés d'habitants.

DROIT MODERNE.

De la responsabilité des communes.

Théorie de l'art. 1384, § 3, du Code civil. — Dans quels cas une commune est responsable des délits de ses magistrats municipaux. — Controverse. — Système de la jurisprudence. — Des employés inférieurs. — Dispositions spéciales. — Art. 72 du Code forestier. — Loi du 28 septembre 1791 (art. 7 et 41). — Art.

Paris. A. PARENT, imprimeur de la Faculté de Médecine, rue M.-le-Prince, 31.

ERRATA

Page 63, ligne 18 : au lieu de *les effets de la royauté,* lisez *les efforts de la royauté.*

— 71, — 18 : au lieu de *à moins qu'il prouvât,* lisez *à moins qu'il ne prouvât.*

— 76, — 11 : au lieu de *favorisa,* lisez *favorisèrent.*

— 118, — note : au lieu de *commissire,* lisez *commissaire.*

— 120, — 16 : au lieu de *incendièrent,* lisez *incendiant.*

— 142, — 32 : au lieu de *l'insurrection allemande,* lisez *l'invasion allemande.*

— 157, — 30 : au lieu de *il résulte,* lisez *il en résulte.*

— 205, — 29 : au lieu de *on pense que cette loi,* lisez *on pense généralement que cette loi.*